内蒙古自治区社会科学基金后期资助项目

走近古国

红山文化考古发现与研究一百年丛书

任君宇／著

内蒙古人民出版社

图书在版编目（CIP）数据

走近古国 / 任君宇著 . -- 呼和浩特 ：内蒙古人民出版社，2024.9
（红山文化考古发现与研究一百年丛书）
ISBN 978-7-204-17081-4

Ⅰ．①走… Ⅱ．①任… Ⅲ．①红山文化－研究 Ⅳ．① K871.134

中国版本图书馆 CIP 数据核字（2022）第 001710 号

走近古国
ZOUJIN GUGUO

作 者	任君宇	
策划编辑	王　静	
责任编辑	董丽娟	
封面设计	刘那日苏	
出版发行	内蒙古人民出版社	
地 址	呼和浩特市新城区中山东路 8 号波士名人国际 B 座 5 楼	
网 址	http：//www.impph.cn	
印 刷	内蒙古恩科赛美好印刷有限公司	
开 本	710mm×1000mm　1/16	
印 张	9.5	
字 数	120 千	
版 次	2024 年 9 月第 1 版	
印 次	2024 年 9 月第 1 次印刷	
书 号	ISBN 978-7-204-17081-4	
定 价	35.00 元	

如发现印装质量问题，请与我社联系。

联系电话：（0471）3946120

丛书编委会

主　　编：孙永刚

副 主 编：马海玉

编　　委：李明华　任君宇　乌　兰

　　　　　刘江涛　刘　颖　常经宇

　　　　　林　杨　周午昱　张　颖

　　　　　李丹阳

总　序

　　2021 年是红山文化发现 100 周年，也是中国现代考古学诞生 100 周年。1921 年 6 月，瑞典地质学家安特生等赴奉天省锦西县（今辽宁省葫芦岛市）一带勘查煤矿时，发现了位于辽西地区的沙锅屯遗址。他们对该遗址进行了发掘和测绘，意识到这可能是一处新石器时代遗址。遗址出土的贝环和红地黑彩的彩陶片与河南仰韶村出土的遗物颇为相似。后来的考古发现和研究表明，沙锅屯遗址发掘的新石器时代遗存至少属于两种考古学文化，即红山文化和小河沿文化。沙锅屯遗址被认为是中国近代田野考古史上第一次正式发掘的遗址，它的发掘在中国考古史上具有重要意义，为研究红山文化和中华文明起源提供了宝贵的学术资料。

　　自沙锅屯遗址发掘以来，红山文化研究已经走过了 100 年的历程。在这 100 年中，无数考古学者为红山文化研究呕心沥血，取得了丰硕的成果。1906—1908 年，日本人鸟居龙藏多次深入内蒙古东南部和热河地区（包括今河北省、辽宁省、内蒙古自治区部分地区）进行考察，对赤峰英金河畔的几处新石器时代文化遗址进行了调查，并于 1914 年发表了《东蒙的原始居民》一文，首次向学术界揭示了西拉木伦河流域史前文化遗存的存在。1930 年，我国著名考古学家梁思永在完成黑龙江昂昂溪遗址的发掘后，对英金河两岸和红山后进行了考古调查，并撰写了考古报告《热河查不干庙林西双井赤峰等处所采集之新石器时代石器与陶片》。1935 年 5 月，日本东亚考古学会滨田耕作、水野清一等人对赤峰红山后的第一、第二住地址进行了发掘，并于 1938 年出版了发掘报告《赤峰红山后》，提出了"赤峰第一期文化"和"赤峰第二期文化"的概念，向世界宣布了赤峰红山后新石器时代人类遗存的重要发现。20 世纪 40 年代，裴文中先生提出，红山后是北方草原细石器文化与中原仰韶文化在长城地带接触而形成的"混合文化"。1954 年，中国著名考古学家尹达在编写《中国新石器时代》一书时，根据梁思永先生的意见，对这一文化进行了专门论述，并正式将其命名为"红山文化"。1956 年，裴文中先生和吕遵谔先生带领学生对红山文化遗存进行了调查和试掘，获得了大量重要的实物标本，并对《赤峰红山后》中的一些错误结论进行了更正。20 世纪 80 年代以后，红山文化研究取得了突破性进展，苏秉琦、杨虎、刘观民、张忠培、严文明等考古学家对红山文化研究给予了高度重视。内蒙古文物考古研究所、中国社会科学院考古研究所内蒙古工作队、吉林大学考古学系、赤峰学院等机构在内蒙古和辽宁地区开展了一系列红山文化考古发掘和研究工作，推动了红山文化研究的国际交流与合作，使红山文化研究走向了世界。

近 30 年来，赤峰学院在红山文化研究领域取得了显著成就。一是成功举办了 3 次国际学术研讨会和 12 次高峰论坛，有效提升了红山文化的国内外影响力。具体而言，1993 年、1998 年和 2004 年，在赤峰市举办了 3 届中国北方古代文化国际学术研讨会。2006—2017 年，连续 12 年举办红山文化高峰论坛。二是出版了 10 部会议论文集，包括 3 部《中国北方古代文化国际学术研讨会论文集》、2 部《红山文化高峰论坛专辑》和 5 部《红山文化高峰论坛论文集》。三是创办《红山文化研究》专辑,至今已连续出版 8 部。四是出版了多部专著、译著,包括《红山文化与辽河文明》《西辽河流域早期青铜文明》《古代西辽河流域的游牧文化》《红山文化概论》《红山玉器》《西辽河流域史前陶器图录》《西辽河流域考古时代自然与文明关系研究》《西辽河上游考古地理学研究》《辽西地区新石器时代植物考古研究》《红山古国研究》《赤峰红山后:热河省赤峰红山后史前遗迹》(中译本)等。此外,赤峰学院研究人员在红山文化研究领域发表了 100 余篇学术论文,充分展示了红山文化研究成果。2019 年以来,赤峰学院先后获批内蒙古红山文化研究基地、内蒙古红山文化与中华早期文明研究协同创新中心、内蒙古红山文化与中华民族共同体研究基地。目前,赤峰学院在红山文化研究领域已形成了鲜明的特色,成为赤峰市文化研究的一面旗帜。

值此红山文化发现 100 年之际,赤峰学院编写了"红山文化考古发现与研究一百年丛书",旨在系统总结红山文化考古发现与学术研究成果,进一步深化对中华文明起源和发展的认识。新时代,继续对红山文化遗址进行保护与研究,不仅是深入挖掘与弘扬中华优秀传统文化的重要实践,而且对增强文化自信具有重要意义。红山文化所蕴含的中华文明的核心基因,深刻展现了中华文化的连续性、创新性、统一性、包容性、和平性,是全人类共同的精神财富。因此,挖掘、整理、研究、保护和传播红山文化不仅是我们的责任,也是我们应尽的义务。

"红山文化考古发现与研究一百年丛书"编写组

2021 年 12 月

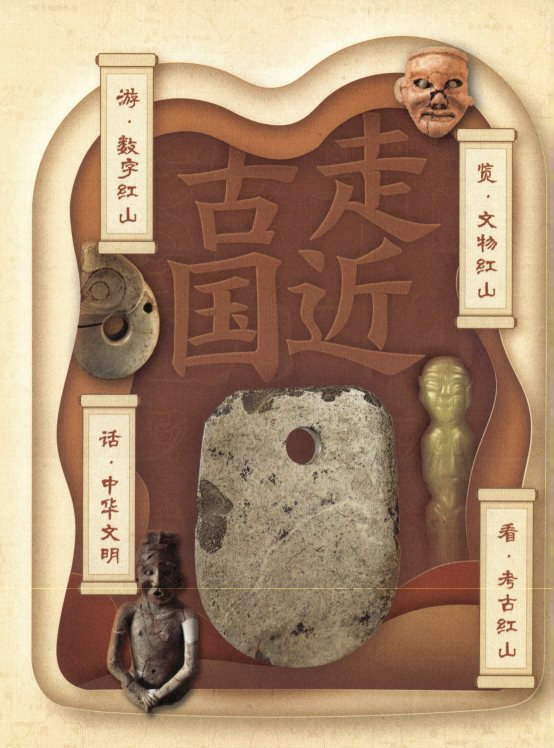

游·数字红山

览·文物红山

走近古国

话·中华文明

看·考古红山

码上解密红山文化

探寻文明起源

目录

第一章　红山古国

　　21世纪以来，石峁石城、陶寺古城、石家河古城和良渚古城等遗址的新发现，让这些古城的社会性质越发清晰，[1]也让"古国"理论日益成熟。北京大学考古文博学院教授赵辉认为，公元前3300年—公元前2300年，一些地方社会率先形成了国家，称为"古国时代早期"或"原生型文明"。公元前2300年—公元前1800年，黄河流域普遍出现了国家，称为"古国时代晚期"或"次生型文明"。[2]

　　2019年7月6日，联合国教科文组织第43届世界遗产委员会会议通过决议，将良渚古城遗址列入《世界遗产名录》。良渚古城是中国长江下游环太湖地区一个出现明显社会分化和具有统一信仰的区域性权力与信仰中心。[3]良渚古城遗址在空间形制上呈现出的向心式三重结构——王城与王陵、内城与水路交通体系、外城与护城河，成为中国古代城市规划体现社会等级"秩序"建设、彰显权力中心的典型模式，揭示出长江流域早期国家的城市文明所创造的"藏礼于器"的规划特征；规模宏大的城外水利系统，在规划、选址、设计及建造技术等方面展现出世界同期罕见的科

　　1　何驽："关于'古国'定义的理论思考"，载《文物春秋》2021年第6期。
　　2　赵辉："古国时代"，载《华夏考古》2020年第12期。
　　3　陈同滨、刘翔宇等："良渚古城遗址的价值研究与保护技术"，载《建筑科技》2020年第5期。

技水平。这是中华民族 5000 年文明的实证，是东亚地区史前稻作文明发展的极高成就，是早期城市文明的杰出范例。

"古国"这一称谓由来已久，国内研究中华文明起源的学者大多信从苏秉琦先生在 20 世纪 80 年代提出的"古国"概念，其源出于他关于中国文明和国家起源与形成的理论模式。他还进一步指出："古国指高于部落之上的、稳定的、独立的政治实体。"红山文化晚期是"古国"的典型标本。[1]

红山文化是我国北方地区发现的一支极其重要的新石器时代的考古学文化类型，因最初发现于赤峰市红山后而得名。20 世纪 50 年代，我国著名考古学家尹达先生首次正式提出"红山文化"之命名。红山文化在古文化聚落层次性分化的基础上已经产生了高层次中心聚落。"以'坛庙冢、玉龙凤'为特点的天地崇拜、祖先崇拜是重要的文化成果，使距今 5300 ~ 5000 年的红山文化成为研究中华五千多年文明起源的重要内容。"[2] 红山文化墓葬中"唯玉为葬"的显著特点明确显示出时人的意识形态。在此"超自然倾向"之下，红山先民形成了"古国联盟"这样一个当时规模最大的社会组织，进而创建了当时最大的仪式圣地，即今牛河梁遗址群。[3]

一、古文化、古城、古国

经过长期的田野考古调查与发掘，辽西地区新石器时代早

1　苏秉琦：《中国文明起源新探》，生活·读书·新知三联书店 2019 年版。
2　刘国祥："红山文化——研究中华文明起源的重要内容"，载《人民日报》2021 年 8 月 28 日。
3　李新伟："红山文化玉器内涵的新认识"，载《中原文物》2021 年第 2 期。

期至青铜时代早期的考古学文化发展谱系已经基本确立。辽西地区最早兴起的新石器时代文化包括小河西文化、兴隆洼文化、富河文化、赵宝沟文化、红山文化、小河沿文化等，[1] 其中，兴隆洼—赵宝沟—红山—小河沿文化是西辽河流域承袭下来的一条古文化发展主线。

西辽河流域调查项目的成果表明，兴隆洼文化到赵宝沟文化时期，人口缓慢增长；红山文化时期，社会发展迅速，人口大幅增长，聚落的密度数倍乃至十数倍于此前。

红山文化遗址分布密集，是当时人口大幅度增长的明证。从红山文化居住类遗址的规模看，小型遗址的面积不到 1 万平方米，大型遗址的规模可达 20 万甚至几十万平方米，甚至还有 2～3 平方公里的特大型聚落，即出现了复杂的三层聚落结构。相比较而言，小河西文化时期的聚落多在 1 万平方米以下，兴隆洼文化时期的大型聚落一般在 10 万平方米以下，赵宝沟文化时期的大型中心性聚落数量稀少且多不足 10 万平方米，与红山文化形成鲜明对比。[2]

牛河梁遗址范围约 50 平方公里，布局井然有序，建筑规模宏大，出现祭坛、女神庙、积石冢等特殊性建筑，是红山文化晚期已知规模最大的一处等级分明的中心性埋葬和祭祀遗址。随葬器物主要以玉器为主，且多为礼器，为墓主人生前所用，是墓主人社会等级、地位和身份的象征。[3]

1　刘国祥："红山文化——研究中华文明起源的重要内容"，载《人民日报》2021 年 8 月 28 日。

2　刘国祥："红山文化——研究中华文明起源的重要内容"，载《人民日报》2021 年 8 月 28 日。

3　刘国祥："红山文化——研究中华文明起源的重要内容"，载《人民日报》2021 年 8 月 28 日。

正是基于牛河梁遗址的突破性发现，苏秉琦先生提出了辽西古文化、古城、古国这一重大课题，使得红山文化成为研究西辽河上游地区文明进程及中华文明起源的重要内容。[1]

二、文化－生态交错带

在地图上把黑龙江省黑河（爱辉）和云南省腾冲两点连接起来，可以发现这条线东南半壁人口密集，西北半壁人口稀疏。这条直线是我国地理学家胡焕庸于1935年提出的一条重要的人口密度对比线，也称"胡焕庸线"。

胡焕庸线基本和400毫米等降水量线相吻合。我国北方农牧交错带总体走向也与400毫米等降水量线大致相当。历史学家发现，作为中原农耕区与草原游牧区的中间地带，这里也是农耕与游牧两种不同经济类型与社会形态的过渡区。在北方农牧交错带，农田常常分布在有灌溉水源之处——牧民放弃逐水草而居的游牧生活，依托定居农业维持放养型生产形式，由此形成农中有牧、牧中有农的格局。

北京大学城市与环境学院教授韩茂莉依据考古资料指出，距今3500～3000年前，畜牧业从原始农业中分离出来，畜牧草原及游牧人的出现是农牧交错带形成的重要标志，这一过程与气候变化直接相关。[2]

农牧交错带伴随农业和牧业的出现而形成。在西辽河流域，

1　刘国祥："红山文化——研究中华文明起源的重要内容"，载《人民日报》2021年8月28日。

2　韩茂莉："中国北方农牧交错带的形成与气候变迁"，载《考古》2005年第10期。

距今 8000 年左右的兴隆洼文化时期，人类开始种植黍、饲养猪，兼营狩猎采集。距今 7000 年左右，赵宝沟文化兴盛一时。距今 6500 年左右，随着后冈一期文化人群的融入，红山文化强势崛起，成为中华文明的璀璨星辰。

中国人民大学历史学院考古文博系教授陈胜前将农牧交错带视为"文化 - 生态交错带"，并把这一地带比喻成"泵"或"鼓风机"。在气候条件较好的时候，这个"泵"或"鼓风机"就把南边的文化"吸"过来，把北边的文化"吐"出去；气候条件不好的时候，则把北边的文化"吸"过来，把南边的文化"吐"出去。在文化"吞吐"的过程中，来自欧亚草原与东南地区的文化交汇融合，从旧石器时代到各个历史时期都是如此。[1]

三、全新世气候环境变化

对全新世整体气候环境以及我国东北地区气候环境变化的分析显示，距今 8500 ～ 5000 年为全新世最暖湿的一个时期，距今 5000 年前起，气候逐渐向干凉转变。

中国科学院地质与地球物理研究所吕厚远科研团队与云南师范大学、山东大学和美国斯坦福大学合作，在中国东北地区的小龙湾提取了约 1 万年来玛珥湖年纹层花粉标本，又结合西辽河地区考古遗址的碳 14 测年进行了综合分析，发现季风气候驱动的周期性的暖湿 / 冷干与人类活动的强 / 弱以及史前文化的兴 / 衰几乎是同步变化的。

兴隆洼文化、赵宝沟文化、小河沿文化、夏家店下层文化和夏家店上层文化的兴起均明确与 500 年周期气候暖湿期相对应。红

1　陈胜前：《中国文化基因的起源》，中国人民大学出版社 2021 年版。

山文化则对应了千年尺度的中全新世适宜期，这一时期是最强盛的千年尺度夏季风暖湿期，夏季风北部边缘区进一步向西北迁移，可能抑制了该区 500 年气候周期信号的强度，相对弱的 500 年周期气候波动很难击垮一个"社会弹性"已经很高的文化体系。直到距今 5000 年前后，中全新世后期快速变冷的同时叠加了 500 年周期冷相位，加速恶化的气候击垮了红山文化"社会弹性"底线。[1]

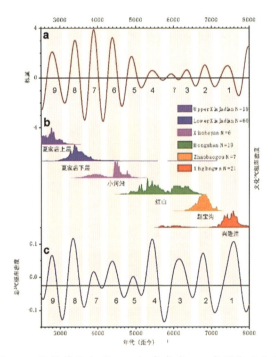

图 1.1　栎属花粉和碳 −14 概率密度 500 年周期变化与
文化演化阶段对比图 [2]

1　徐德克、吕厚远等：《全新世东亚季风 500 年周期对人类活动的影响》，载《中国古生物学会古植物学分会、江苏省古生物学会 2021 年学术年会论文摘要集》，2021 年 7 月。

2　徐德克、吕厚远等：《全新世东亚季风 500 年周期对人类活动的影响》，载《中国古生物学会古植物学分会、江苏省古生物学会 2021 年学术年会论文摘要集》，2021 年 7 月。

这一时期采集、收割农具的减少标志着耜耕农业鼎盛时期的结束以及生业模式的转变，人类开始进入以渔猎采集为主、兼营农业的小河沿文化时期。由于这一转变难以确保众多人口生存下来，所以就可能激化人类社会矛盾，导致人口相对减少和文化更替。该时期西辽河流域北部地区受夏季风影响较小，水热条件已不再适合农业发展，因此小河沿先民仅在南部地区保持低密度聚落分布格局。[1]

四、文化大熔炉

20 世纪 30 年代，梁思永先生通过考古调查认识到西辽河流域南北的文化差异，同时也注意到把长城地带作为南北文化接触地带进行研究的重要性。1954 年，尹达先生参考梁思永先生的建议，正式提出"红山文化"的命名，强调红山文化对于研究长城南北新石器时代文化遗存的相互关系具有重要意义。随着田野考古资料的日渐丰富，西辽河流域与黄河流域之间的文化互动研究越来越深入，红山文化与五帝时期诸部族的关系也越来越明晰。

距今 6500 年左右，后冈一期文化势力向北扩张。地广人稀、水美地沃的河北平原为其主要扩张地，但燕山南北也有该文化人群活动的痕迹，西辽河流域的赵宝沟文化中更是早已出现了后冈一期文化因素，也就是在西辽河流域，后冈一期文化与赵宝沟文化融合碰撞，形成了红山文化。

距今 6000 年左右，从晋南和豫西、关中地区向外扩张影响的

1　何驽、刘演等："西辽河流域中晚全新世气候环境演变及其对农牧业演替的影响"，载《地理学报》2021 年第 7 期。

庙底沟文化（仰韶文化的一种类型）已与红山文化有了交流与融合的印记，但在西辽河流域，土著文化仍占主要地位。到了红山文化晚期，其已开始反向对仰韶文化产生较大影响。

史前各区域文化的密切联系、交流融合，促进了共同文化基因的形成，也由此奠定了统一多民族国家形成与发展的基础。

五、生产方式的变革

中国科学院地质与地球物理研究所吕厚远科研团队与云南师范大学、山东大学和美国斯坦福大学合作，利用东北龙岗火山区小龙湾玛珥湖年纹层沉积具有准确定年的优势，高分辨率分析、鉴定了 9260 年以来（到 2005 年止）小龙湾玛珥湖周边地区植物花粉种类的变化，揭示出最暖湿的中全新世出现在距今 7000 ～ 5000 年间。暖湿气候为西辽河流域红山文化的发展提供了良好的外部条件。

综合分析各种考古成果可以发现，西辽河流域的社会生产力水平在红山文化时期有了明显的提升。首先表现在多品种农作物种植技术的进步上，如粟、黍、大豆等农作物栽培技术的发展。这些技术可以有效提高土地使用率及农业生产总量，还可以最大程度减轻各种自然灾害对农业生产造成的损失。其次是多种家畜饲养技术的进步，为当时人类提供了更加稳定的肉类、奶制品等食物来源。再者，手工业技术也有了进步，特别是玉器切割技术更加多样化，出现了线切割和片切割等技术。总之，各领域技术的进步促进了红山文化的文明化进程。

结语

已有相关研究成果表明，红山文化在生产技术和生产力水平、社会的复杂化程度以及意识形态等诸多方面，与同期的其他考古学文化相比并不逊色和落后，其对中华文明的起源和发展有着广泛而深远的影响，是早期中华文化共同体初步形成的重要标识，是中华文明的重要源头之一。

第二章　安得居所

　　房屋是史前先民的主要活动场所之一，也是人类最基本的生活资料之一。随着生产力的发展，人类社会进入定居时代，先民们有了稳定的生活居所。房屋的形状、面积、建筑形制等不仅能反映当时的自然环境和人们的生活状态，而且是了解其时聚落构成和社会生活的重要依据。我国北方地区的房屋建筑经历了穴居、巢居、半穴居、地面筑屋的发展过程。

一、红山文化时期房址基本特征

　　红山文化延续时间达 2000 年之久，遗址的分布面积达 20 万平方公里。第三次全国文物普查统计结果显示，仅赤峰市境内就有红山文化遗存 700 余处。经过正式考古发掘的遗址主要有赤峰西水泉遗址、敖汉旗西台类型遗址、敖汉旗七家遗址、敖汉旗兴隆洼遗址、巴林左旗友好村二道梁遗址、林西县柳树林遗址、翁牛特旗老牛槽沟遗址、红山区魏家窝铺遗址、林西县白音长汗遗址、元宝山哈喇海沟遗址、林西县水泉遗址、辽宁省喀左县东山嘴遗址、辽宁省朝阳市牛河梁遗址和小东山遗址等，共发现房址数百处。

1. 房址主体

从目前考古发掘的成果来看，红山文化时期的房屋主要为半地穴式建筑，结构分单间式和双间式两种。其中，单间式房屋较多；双间式房屋较少，仅在敖汉旗七家遗址中发现 3 座。房址平面多呈方形、圆角方形、梯形、圆形及"凸"字形等，其中，方形、圆角方形房址占比较大，梯形、"凸"字形及圆形房址占比较小。梯形房址的典型代表为林西县柳树林遗址中的 F19，圆形房址的典型代表为辽宁省朝阳市小东山遗址中的 F7、F8、F9、F10。根据房址面积，可将红山文化时期房址分为小型、中型、大型三类。其中，小型房址数量最多，有的房址面积甚至不足 10 平方米，推测有其他用途；中型房址数量次之；大型房址数量最少，仅在赤峰西水泉遗址和红山区魏家窝铺遗址中发现 2 处。红山文化时期的小型房址和大型房址面积相差很大，可能与房屋功能有关。

红山文化时期房屋的居住面多经过平整硬化处理，多数房屋的居住面抹有草拌泥，有的抹泥后还会用火进行烧烤，一些未抹泥的也会火烤并平整。有的房屋为黄色垫土地面；有的则在垫土中加入灰白色料礓石，经过长期踩踏形成较硬且较平整的灰白色地面。

红山文化时期房屋的墙壁多是未加工修理的生土墙，部分房屋的墙壁抹有草拌泥，应是进行了二次修理加工，个别房屋中还发现抹泥后烧烤的痕迹。墙壁有直壁和斜壁两种。斜壁一般微微向外倾斜，未经过二次修理加工，元宝山哈喇海沟遗址中的 8 处房址的墙壁即是如此。由于红山文化遗址多分布在山坡之上，长年受水土流失、风沙侵袭等影响，地表剥蚀严重，文化层较薄，多数遗址的房址保存得不是很好，残存墙壁高矮

不一，且高度大多只有数厘米，有的房址甚至没有发现墙壁，仅保留下了居住面。

2. 房址附属设施

红山文化时期的房屋有炉灶、门道、柱洞等附属设施，各附属设施皆有其重要功能。

红山文化时期的房屋基本上都有炉灶。个别房址还发现多个，如敖汉旗七家遗址中的双间式房屋的后室中就有 2 个灶址；只有极少数房址未见灶址，如辽宁省朝阳市小东山遗址的 F8：究其原因，可能与房屋功能或者保存状况有关。炉灶多位于房屋中部靠前位置，正对门道，平面多呈瓢形、圆形、椭圆形、方形，其中，瓢形灶、圆形灶数量较多。灶为坑式灶，坑壁表面多为红烧土，厚而坚硬，少有在坑壁抹泥或竖立石块的现象。坑式灶可分为深坑式灶和浅坑式灶两种，这在红山区魏家窝铺遗址中体现得最为明显。

红山文化时期的房屋多为半地穴式，故门道以斜坡式为主，在朝向上有所不同。以发现房址最多的红山区魏家窝铺遗址为例，门道的朝向大体有东南向、西南向、南向、东向、东北向、西或西北向六种。其中，东南向和西南向门道较多，应与光照和通风条件有关。除此之外，个别房址无门道或者未发现门道，可能与房屋的保存状况有关。

从已有的考古发掘成果看，红山先民很少使用竖立木柱固定房屋。因为房址中很少发现柱洞，这是红山文化时期房屋与同地区兴隆洼文化、赵宝沟文化、小河沿文化时期房屋的区别之一。

二、红山文化时期房址

红山文化的分期问题一直是学术界关注和讨论的重点。其中，高美璇、李恭笃在《辽宁凌源县（今凌源市）三官甸子城子山红山文化遗存分期探索》一文中将红山文化分为两期，张星德、顾罡、杨虎、刘国祥、赵宾福等学者持"三期说"观点，索秀芬、陈国庆等学者将红山文化分为四期。本书综合各位学者关于红山文化分期的观点，结合近年来红山文化时期房址的考古成果，将红山文化时期房址分为早、中、晚三期来论述。

目前，红山文化早期房址发现较少，主要分布在敖汉旗兴隆洼遗址及辽宁省朝阳市小东山遗址中；中期房址发现最多，如红山区魏家窝铺遗址、林西县柳树林遗址、敖汉旗西台类型遗址、巴林左旗友好村二道梁遗址、敖汉旗七家遗址、元宝山哈喇海沟遗址、翁牛特旗老牛槽沟遗址、赤峰西水泉遗址、林西县水泉遗址等中的房址；晚期房址数量也不是很多，主要分布在辽宁省喀左县东山嘴遗址、辽宁省朝阳市牛河梁遗址中。

1. 早期房址

辽宁省朝阳市小东山遗址

小东山遗址坐落在辽宁省朝阳市朝阳县柳城街道腰而营子村东的一处台地上。2000 年 6 月，为配合公路建设对其进行抢救性考古发掘，发掘面积约 850 平方米，共发掘清理出 10 处房址。

小东山遗址中的房屋均为半地穴式建筑，房址平面呈方形、圆角方形或圆形。多数房址保存状况不是很好，个别房址由于保存状况差，房屋结构不是很清晰，有的房址未发现灶和门道。刘

国祥先生认为小东山遗址中的房址存在打破关系，可分为早期早段、早期晚段和中期三类；他还认为小东山遗址中发现的早期遗迹应为环壕聚落，可以为探讨红山文化时期聚落布局的发展变化提供一定线索。[1] 小东山遗址中的早期房址包括F1、F4、F5和F2、F8、F10，但早期早段房址（F1、F4、F5）保存状况较差，早期晚段房址F8保存较好且具有代表性。F1、F4、F5由于保存状况较差，房屋具体构造不清楚，只能从残余部分推测出F1平面呈不规则圆角长方形，F4呈近圆角方形，F5呈近方形。3处房址内部大部分地面已无，未发现门道，F4、F5中未发现柱洞和灶，F1中西南部发现一椭圆形灶的部分遗存。3处房址中皆发现陶器、陶器残片及石器。F8保存状况较好，可清晰地看出其为半地穴式建筑，房址平面呈圆形，发现有朝向西南的斜坡状门道，未发现灶址和柱洞。门道内低外高，经长期踩踏，土质较坚硬，表面平整光滑。室内发现含有大量烧土块、草木灰烬及木炭的堆积物。

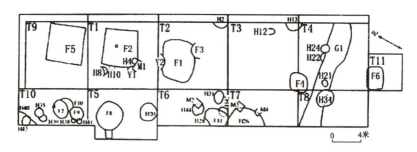

图 2.1　小东山遗址房址、灰坑、围沟平面分布图[2]

1　刘国祥：《红山文化研究》，中国社会科学院研究生院博士学位论文，2015年。
2　刘国祥：《红山文化研究》，中国社会科学院研究生院博士学位论文，2015年。

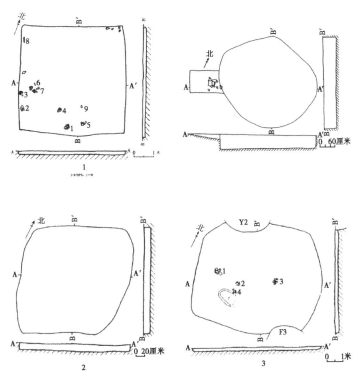

图 2.2　小东山遗址房址 F5（上左）、F8（上右）、
F4（下左）、F1（下右）平面及剖面图[1]

2. 中期房址

红山区魏家窝铺遗址

　　魏家窝铺遗址位于赤峰市红山区文钟镇魏家窝铺村东北约 2 公里处的丘陵台地上，是目前国内发现的规模最大、保存最完整的红山文化早中期聚落遗址。魏家窝铺遗址发现于 2008 年 5 月，7 月 19 日，内蒙古自治区文物考古研究所部分工作人员和吉林大学考古专业部分师生组成考古队对其进行正式发掘。2009 年至

　　1　刘国祥：《红山文化研究》，中国社会科学院研究生院博士学位论文，2015 年。

2012年，该遗址累计发掘面积15320平方米，清理发现房址、灰坑、壕沟等遗迹，出土陶器、石器等器物千余件。

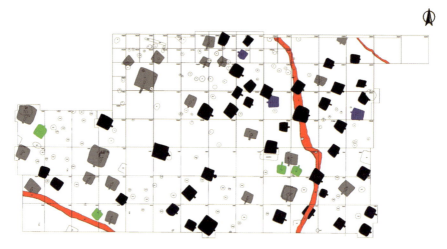

图 2.3　魏家窝铺遗址 2010—2011 年发掘区平面图

魏家窝铺遗址的房屋均为半地穴式建筑，房址平面呈方形、圆角方形或梯形，面积 8 ~ 60 平方米，墙体残存高度不等。魏家窝铺遗址的房址中未发现柱洞，房址内遗迹主要有灶、火塘、门道等。灶可分为深坑灶和浅盘灶两类（如图2.5）。门道有西南向、东南向、西北向、东北向四种朝向，以东南向和西南向为主，西北向、东北向较少。魏家窝铺遗址的聚落有"向心式"和"离心式"两种布局，整个聚落除保留有辽西地区房址成排分布的特点外，还显现出新石器时代陕晋豫地区以大房址为中心的布局特征。[1]

1　成璟瑭、塔拉、曹建恩、熊增珑："内蒙古赤峰魏家窝铺新石器时代遗址的发现与认识"，载《文物》2014年第1期。

图 2.4　深坑灶（左）、浅盘灶（右）对比图 [1]

林西县柳树林遗址

　　柳树林遗址坐落在赤峰市林西县柳树林村东北的丘陵上。遗址附近有西拉木伦河支流经过，周边植被覆盖率较好，地表可见零星的石器和陶器残片。2011 年 7 月至 9 月，为配合铁路建设，内蒙古自治区文物考古研究所对柳树林遗址进行了抢救性考古发掘。

　　柳树林遗址共发掘清理房址 20 处，房址大体呈东北—西南向成排分布。房址平面多呈长方形或圆角梯形，面积在 30 ～ 80 平方米之间。居住面多为黄色垫土面，保存状况较差。多数房址未发现门道和灶址，仅有少数房址有东南向门道，个别房址有圆形或瓢形灶址，但用火痕迹不是很明显，这也是该遗址的特征之一。房址 F3 平面大体呈圆角长方形，四壁保存较好，涂有草拌泥，有3 个柱洞；门道保存较好，朝向东南，与居住面相连；灶址位于房

1　成璟瑭、塔拉、曹建恩、熊增珑："内蒙古赤峰魏家窝铺新石器时代遗址的发现与认识"，载《文物》2014 年第 1 期。

址中央前部，靠近门道，呈椭圆形。房址 F8 平面呈圆角梯形，墙壁和门道保存状况较差，门道朝向东南；灶址位于房址中部偏东，呈圆形；北墙壁有柱洞 2 个。

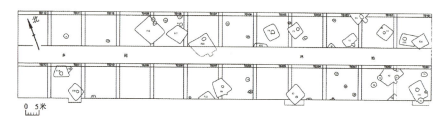

图 2.5　柳树林遗址平面图[1]

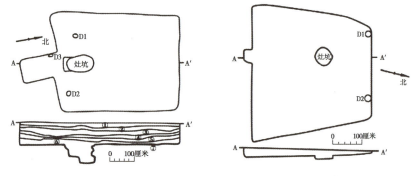

图 2.6　房址 F3（左）、F8（右）平面及剖面图[2]

敖汉旗西台类型遗址

西台类型遗址位于赤峰市敖汉旗牤牛河北侧山岗上。该遗址于 1982 年首次被发现，1987 年，由中国社会科学院考古研究所内蒙古工作队杨虎先生主持发掘，发掘面积 5400 平方米，共清理

1　内蒙古自治区文物考古研究所："赤峰市林西县柳树林红山文化遗址发掘简报"，载《草原文物》2015 年第 1 期。

2　内蒙古自治区文物考古研究所："赤峰市林西县柳树林红山文化遗址发掘简报"，载《草原文物》2015 年第 1 期。

房址 19 处，其中，红山文化时期房址 15 处。

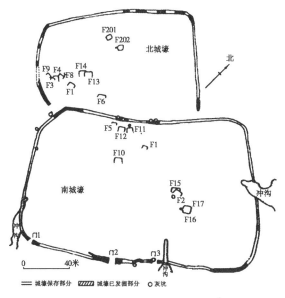

图 2.7　西台类型遗址平面图[1]

长期以来，水土流失及农业耕种对遗址造成了严重的破坏，大部分房址保存状况不好，仅 F202、F17 保存较完整。房屋均为半地穴式建筑，平面多呈方形、长方形。灶址有圆形、瓢形和方形三种。房址 F13 内有大、小 2 个灶址，大的灶址平面呈方形，小的灶址平面呈圆形。房址的门道多向外凸，有东南向和西南向两种朝向。西台类型遗址最具特色的房址有 2 个，分别是 F202 和 F4。房址 F202 中出土了模具陶范，应为铸造青铜饰件的模具。房址 F4 出土了一个完整女性塑像，整体塑造精细，为研究红山文化时期房屋功能提供了珍贵材料。

1　杨虎、林秀贞："内蒙古敖汉旗红山文化西台类型遗址简述"，载《北方文物》2010 年第 3 期。

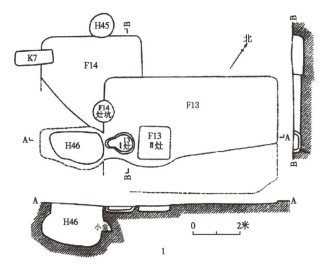

图 2.8　房址 F13 平面及剖面图[1]

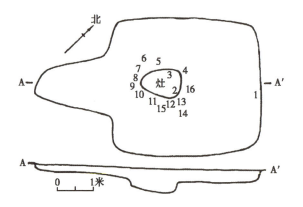

图 2.9　房址 F202 平面及剖面图[2]

1、2、3、6.陶罐　4.指甲纹泥块　5、11.陶范
7.纺轮　8、14.烧土块　9.陶斜口器　10.小陶罐
12.陶斧（残）　13.陶片　15.残陶范　16.残石刀

1　刘国祥：《红山文化研究》，中国社会科学院研究生院博士学位论文，2015 年。
2　杨虎、林秀贞："内蒙古敖汉旗红山文化西台类型遗址简述"，载《北方文物》
2010 年第 3 期。

巴林左旗友好村二道梁遗址

二道梁遗址位于赤峰市巴林左旗白音敖包乡友好村西土梁上。
1991 年 5 月至 7 月，为配合集通铁路建设，内蒙古文物考古研究
所对其进行了考古发掘，并于 1994 年在《内蒙古文物考古文集·第
一辑》上发表了发掘简报。简报介绍了发掘的遗迹、遗物，重点
对房址 F5、F15 做了详细说明。

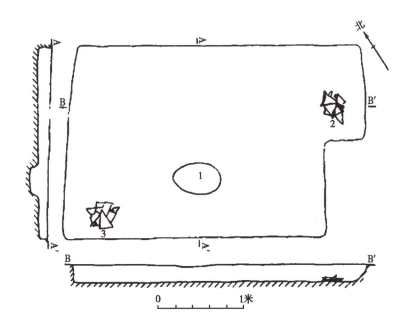

图 2.10　房址 F5 平面及剖面图 [1]

根据发掘简报可知，二道梁遗址共发掘清理房址 15 处，在房
址 F15 中发现一个柱洞。房屋均为半地穴式建筑。灶址多为圆形
或椭圆形，未见瓢形灶，有多次修整的痕迹；灶坑四壁及底部抹

1　内蒙古文物考古研究所：《巴林左旗友好村二道梁红山文化遗址发掘简报》，
载《内蒙古文物考古文集·第一辑》，中国大百科全书出版社 1994 年版。

有草拌泥，经火烧烤至浅红色，表面坚硬光滑。房屋墙壁经二次处理，抹有草拌泥，并用火烤成红色。居住面也有火烤的痕迹。二道梁遗址中的房址与其他红山文化时期遗址的房址的不同之处在于其门道多沿房屋东北壁或西南壁一侧直接伸出，故房址整体呈"刀把"形，门道居中的房址仅发现 1 处。2011 年，考古人员对该遗址进行了第二次田野考古发掘，发掘清理出红山文化时期墓葬 7 座，玉环、玉管、石叶、石镞等遗物多件。

敖汉旗七家遗址

七家遗址位于赤峰市敖汉旗玛尼罕乡皮匠营子村七家自然村西南 2.2 公里的坡地上。2013 年 6 月至 8 月，赤峰市博物馆、敖汉旗博物馆联合组队对该遗址进行了抢救性发掘，发掘面积 1929 平方米，发掘清理出红山文化时期遗迹 73 处，其中房址 10 处。

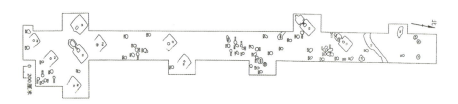

图 2.11　七家遗址平面图[1]

七家遗址的房屋均为半地穴式建筑。其中，发掘清理双间式房址 3 处，分别为 F1、F2、F3，均为西南朝向，平面均呈"吕"字形。前、后两室平面均呈圆角方形，中间由通道连接，通道两

1　马凤磊、赵淑霞、于文茌、王泽、张英伟："赤峰市敖汉旗七家红山文化遗址发掘报告"，载《草原文物》2015 年第 1 期。

侧有灰白色生土筑起的矮隔墙。前、后两室居住面均被踩踏过，较硬且较平整。门道均位于前室的南壁中部。3 处房址的差别主要体现在灶上：房址 F1 仅一个灶址，为瓢形，位于后室的前部，与通道相对；房址 F2、F3 均有 2 个灶址，位于后室的前部，且前面的灶址为瓢形，后面的灶址为方形，F3 的前灶与前室的深坑相连。

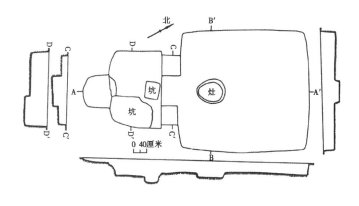

F1

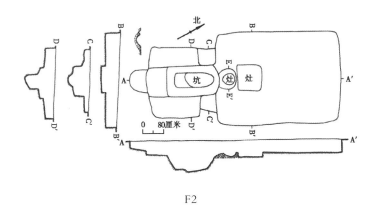

F2

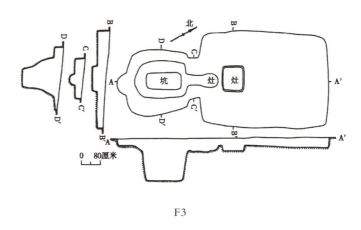

F3

图 2.12　双联间房址 F1、F2、F3 平面及剖面图[1]

元宝山哈喇海沟遗址

哈喇海沟遗址位于"赤峰市元宝山区元宝山镇四合村哈喇海沟村民组（现已搬迁）北部的山坡上，现为元宝山东露天煤矿排渣场"[2]。2007 年 7 月，考古人员分三个区域对该遗址进行了考古发掘，发掘总面积约 60000 平方米，其中，在第二区域发掘清理出红山文化时期房址 8 处。

1　马凤磊、赵淑霞、于文荟、王泽、张英伟："赤峰市敖汉旗七家红山文化遗址发掘报告"，载《草原文物》2015 年第 1 期。

2　内蒙古文物考古研究所、赤峰市博物馆："元宝山哈喇海沟新石器时代遗址发掘报告"，载《内蒙古文物考古》2008 年第 1 期。

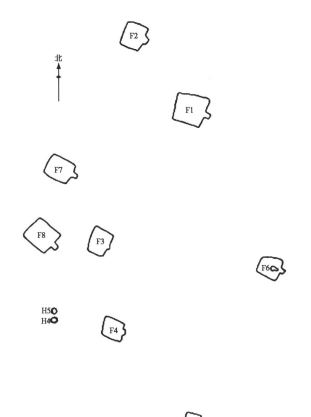

北

図 2.13　哈喇海沟遗址第二发掘区遗迹分布图[1]

　　哈喇海沟遗址中的8座房屋均为半地穴式圆角方形建筑，房址平面大体呈"凸"字形。房址朝向一致，均为东南向。房址面积较小，大体在9～30平方米之间。房址的居住面仅薄薄一层，没有经过抹泥、火烤等加工处理，应为踩踏而成，较平整、坚硬。现存墙壁为生土墙，未进行二次加工，不是直壁，微向外斜。灶址位于房址

<hr />

　　1　内蒙古文物考古研究所、赤峰市博物馆："元宝山哈喇海沟新石器时代遗址发掘报告"，载《内蒙古文物考古》2008年第1期。

前部中间位置，较深，有瓢形和椭圆形两种。灶坑四壁多为红烧土，较厚且坚硬，个别灶坑四壁抹有草拌泥。8 处房址均存在火塘和火道，且两者相连：火塘多呈椭圆形，口大底小，底部多低于火道底部；火道平面呈前窄后宽的条形，内部呈东高西低的坡形台阶状。

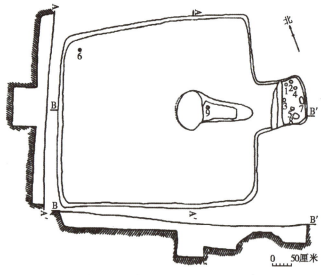

图 2.14　房址 F8 平面及剖面图[1]

翁牛特旗老牛槽沟遗址

　　老牛槽沟遗址位于赤峰市翁牛特旗境内，北距西拉木伦河 10 公里。该遗址发现于 2004 年，为配合铁路建设，于 2005 年和 2006 年进行了两次抢救性田野考古发掘。2005 年发掘面积 1240 平方米，2006 年发掘面积 300 平方米，共计发掘清理房址 7 处。[2]

　　1　内蒙古文物考古研究所、赤峰市博物院："元宝山哈喇海沟新石器时代遗址发掘报告"，载《内蒙古文物考古》2008 年第 1 期。

　　2　内蒙古自治区文物考古研究所：《翁牛特旗老牛槽沟红山文化遗址发掘简报》，载《内蒙古文物考古文集·第四辑·配合国家基本建设专集》，科学出版社 2013 年版。

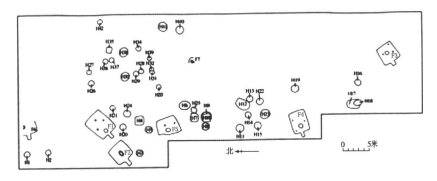

图 2.15　老牛槽沟遗址发掘区平面图[1]

　　老牛槽沟遗址中的房址分布具有一定规律，大体呈南北向排列，间距在 8～10 米之间。房屋面积不是很大，多在 10 平方米左右，均为半地穴式建筑。房址平面呈方形、圆角方形。灶址多位于房址中间靠近门道处，有圆形、椭圆形、瓢形三种；灶坑内壁较直，抹有草拌泥，周边为较厚的红色烧结面；灶口抹有一圈土台，高出居住面。居住面多为上、下两层，下层为黄褐色垫土层，上层为夯实且经火烧烤的草拌泥。门道多位于房址西南墙壁正中间位置，前窄后宽，较短，呈长方形槽状，朝向大体一致，为西南向。除房址 F2 外，其他房址均发现呈三角形分布的柱洞，柱洞数量 3～4 个不等。

　　1　内蒙古自治区文物考古研究所：《翁牛特旗老牛槽沟红山文化遗址发掘简报》，载《内蒙古文物考古文集·第四辑·配合国家基本建设专集》，科学出版社 2013 年版。

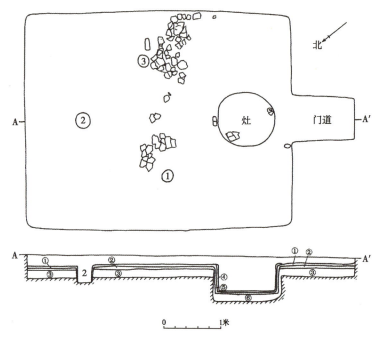

图 2.16　房址 F1 平面及剖面图 [1]

赤峰西水泉遗址

　　西水泉遗址位于赤峰市红山区召苏河西岸西水泉村西山岗的东坡上，是一处发现与发掘时间较早的红山文化遗址。西水泉遗址共发现房址 3 处，平面呈方形，其中，F17 保存状况较好，F13 保存状况一般，F8 破坏严重。清理过程中发现几处红烧土灶址痕迹，应为被破坏的房址中的，可知该遗址的房址不止 3 处。3 座房屋均为半地穴式建筑，居住面经过捶打，较平整、坚硬，门道朝向东南，未发现柱洞。灶址位于房址前部中间位置，呈瓢形，灶坑壁上抹

1　内蒙古自治区文物考古研究所：《翁牛特旗老牛槽沟红山文化遗址发掘简报》，载《内蒙古文物考古文集·第四辑·配合国家基本建设专集》，科学出版社 2013 年版。

有草拌泥，南壁有斜坡状火道，有补砌痕迹，火道与灶坑表面被烧成红色；灶址内堆积有白色灰烬；灶坑周边的居住面经过捶打，质地坚硬，呈灰白色。[1] 房址 F17 是目前发现的红山文化遗址中最大的房址，面积为 105.3 平方米。

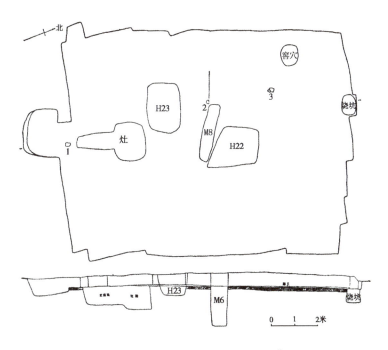

图 2.17　房址 F17 平面及剖面图 [2]

3. 晚期房址

辽宁省喀左县东山嘴遗址

东山嘴遗址位于辽宁省朝阳市喀喇沁左翼蒙古族自治县（简

1　刘晋祥、杨国忠："赤峰西水泉红山文化遗址"，载《考古学报》1982 年第 2 期。

2　刘晋祥、杨国忠："赤峰西水泉红山文化遗址"，载《考古学报》1982 年第 2 期。

称喀左县）兴隆庄镇章京营子村东山嘴。该遗址发现于1979年5月，当年秋季进行了首次发掘，1982年又进行了第二次考古发掘，发掘面积共2250平方米。东山嘴遗址发掘清理的遗迹多为石头砌筑的建筑基址，在西翼石头建筑基址下发现多处红烧土面，可确认是一处房址。该房址编号F1，半地穴式，平面呈长方形。居住面为黄色硬土，较平整，且有火烤痕迹；抹有草拌泥的墙壁上同样也有火烤痕迹。房址东墙中部有一长方形土坑，土坑四壁也是草拌泥抹面，经火烧烤；内部有台阶，台阶表面经过处理，平整光滑；底部呈锅底状，存有小石块和黑灰烧土；坑内还放置着一把制作精良的石斧。该土坑应不是灶址，功能有待考究。

图 2.18　西翼石头建筑基址下的房址 F1[1]

1　郭大顺、张克举："辽宁省喀左县东山嘴红山文化建筑群址发掘简报"，载《文物》1984年第11期。

辽宁省朝阳市牛河梁遗址

牛河梁遗址位于辽宁省朝阳市下辖的建平县、凌源市境内。该遗址于1981年被发现，1983年正式开始考古发掘。第一地点（编号N1）、第二地点（编号N2）、第三地点（编号N3）、第五地点（编号N5）、第十三地点（编号N13）和第十六地点（编号N16）在2003年前均进行了考古发掘。在第十六地点发现一处房址，保存状况较差，南墙破坏严重。从现存遗迹可知，该房屋应为半地穴式建筑，房址平面呈圆角方形，墙壁由大小不等的石块堆砌而成。

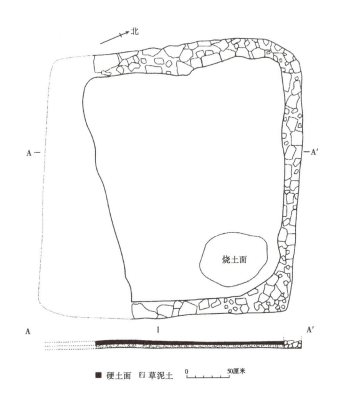

图 2.19　第十六地点房址 F1 平面及剖面图[1]

1　刘国祥:《红山文化研究》,中国社会科学院研究生院博士学位论文,2015年。

根据以上红山文化时期典型遗址中房址情况可知，红山文化早期、中期、晚期房址的形态差异较小，但数量差别较大。中期房址数量最多，早期、晚期房址数量较少，这可能与当前开展的考古发掘工作有关。目前经过正式考古发掘的红山文化遗址多为中期遗址，故中期房址数量相对较多。

三、红山文化时期与其他文化时期房址比较

1. 同一区域的兴隆洼文化时期房址

兴隆洼文化时期为距今 8200～7400 年，是西辽河流域新石器时代早期文化的代表，与红山文化分布区域相近，但在时间上早于红山文化，二者属同一地区不同时期的两种新石器时代考古学文化。兴隆洼文化最早发现于内蒙古赤峰市敖汉旗，经过正式考古发掘的遗址有敖汉旗兴隆洼遗址、敖汉旗兴隆沟遗址、敖汉旗西台遗址、林西县白音长汗遗址、克什克腾旗盆瓦窑遗址、克什克腾旗南台子遗址，还有辽宁省阜新市查海遗址等。

敖汉旗兴隆洼遗址

兴隆洼遗址位于赤峰市敖汉旗兴隆洼镇兴隆洼村东南约 1.3 公里处的丘陵西缘。该遗址发现于 1982 年冬，1983 年开始正式发掘，先后发掘六次，发现房址 160 余处。根据《内蒙古敖汉旗兴隆洼遗址发掘简报》和《内蒙古敖汉旗兴隆洼聚落遗址 1992 年发掘简报》可知，1983 年发掘清理房址 7 处，皆为半地穴式建筑，平面呈长方形或圆角方形。有圆形土坑灶，部分灶址底部铺有石块，不见草拌泥和石板灶。墙壁为生土墙，居住面在生土面上砸实而成。个别房址发现有柱洞，部分房址内挖有窖穴。7 处房址大小不一，

较大的房址 F1 面积近 60 平方米，较小的房址 F2 面积约 20 平方米。1992 年进行了第五次田野考古发掘，发掘面积 10000 余平方米，发现房址 66 处。聚落围沟内、外两侧均有房址分布：内侧房址呈西北一东南向分布，规整有序，面积相对较大，介于 50 ~ 80 平方米之间，最大房址 F184 面积有 140 余平方米；外侧房址分布密集，不规整，面积相对较小，介于 15 ~ 30 平方米之间。居住面多为砸实而成，个别经过抹泥处理。墙壁多为生挖而成，较齐整，残存高度不一，多为黄褐色生土墙壁，少数发现有火烤痕迹。灶

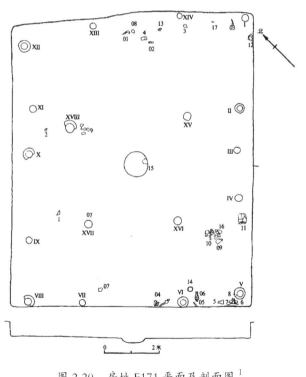

图 2.20　房址 F171 平面及剖面图 [1]

1　杨虎、刘国祥："内蒙古敖汉旗兴隆洼聚落遗址 1992 年发掘简报"，载《考古》1997 年第 1 期。

位于房屋中部，为圆形土坑灶，个别灶址底部铺有石块，较平整。发现有单圈分布和双圈分布的柱洞，柱洞数量较多。如房址 F171 发现有双圈分布的柱洞 18 个：外圈的顺着房址墙壁里侧排列，共 14 个；内圈的分布在灶址外围，共 4 个。值得注意的是，兴隆洼遗址中的多数房址未发现门道，但有墓葬、窑址等遗迹。房址内出土的遗物较丰富，有陶器、石器、骨器等。

辽宁省阜新市查海遗址

查海遗址位于辽宁省阜新市阜新蒙古族自治县沙拉镇北查海村西南约 2.5 公里处的向阳扇面台地上。该遗址于 1982 年全国文物普查时被发现，1986 年至 1994 年先后进行了七次考古发掘，

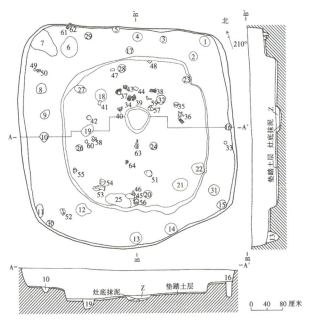

图 2.21　房址 F40 平面及剖面图 [1]

1　辛岩、方殿春：《查海遗址 1992—1994 年发掘报告》，载《辽宁考古文集》，辽宁民族出版社 2003 年版。

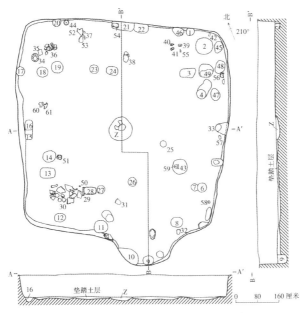

图 2.22 房址 F26 平面及剖面图 [1]

共发掘清理房址 50 余处。查海遗址的房址成排分布，多朝向西南。房屋多为半地穴式建筑结构，也有二层台式建筑结构的。房址均凿于基岩内，平面略呈圆角方形。墙壁不齐整。垫土居住面较多，一般修葺得较平整，不见抹泥居住面。灶多位于房屋中部，泥筑，呈不规则圆形，较浅，内部抹泥，底部圆平。灶址旁一般有窖坑。大多数房址无门道，极少数房址在墙壁一侧发现有向外突出的、平面呈半圆形的门道。

值得注意的是，查海遗址几乎所有房址都发现有柱洞，且柱洞数量较多，有双圈柱洞和单圈柱洞之分。其中，有双圈柱洞的房址一般面积较大，属大中型房址。如房址 F6，面积 60 余平方米，

---

1 辛岩、方殿春：《查海遗址 1992—1994 年发掘报告》，载《辽宁考古文集》，辽宁民族出版社 2003 年版。

共发现柱洞 19 个，双圈分布。柱洞数量可能与房屋的面积和建筑结构有关。除此之外，个别房址内还有深坑、窑址及墓葬等遗迹，应与房屋的功能有关。

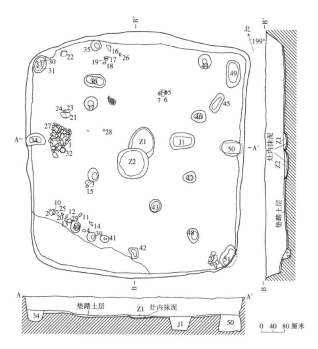

图 2.23　房址 F6 平面及剖面图 [1]

林西县白音长汗遗址

　　白音长汗遗址位于赤峰市林西县白音长汗村南约 500 米处的西荒山上。为配合平双公路建设，1988 年进行首次发掘，发掘面积 439 平方米；1989 年进行了第二次田野考古发掘，发掘面积 2178 平方米；1991 年进行了第三次田野考古发掘，发掘面积

　　1　甸村、新言："辽宁阜新县查海遗址 1987 ～ 1990 年三次发掘"，载《文物》1994 年第 11 期。

4640平方米。[1]据白音长汗遗址发掘报告介绍,二期乙类遗存应属兴隆洼文化的典型代表,共清理房址50余处,排列有序,整体分为南、北两个区域。房屋均为半地穴式建筑。房址平面多为方形,出现了"吕"字形房址。多个房址有细窄的门道,门道多朝向东北。灶址位于房址中央,多为石板围砌的方形灶坑,底部和四壁见红色烧烤痕迹。房址四壁较齐整,均为生土墙壁。少数房址内有柱洞,但柱洞数量不多。

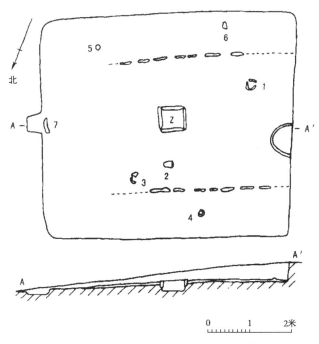

图 2.24　房址 AF40 平面及剖面图[2]

1　郭治中、索秀芬:"内蒙古林西县白音长汗新石器时代遗址 1991 年发掘简报",载《文物》2002 年第 1 期。
2　郭治中、索秀芬:"内蒙古林西县白音长汗新石器时代遗址 1991 年发掘简报",载《文物》2002 年第 1 期。

白音长汗遗址中的兴隆洼文化时期房址具有一定特点。首先体现在居住面上。白音长汗遗址发现的大部分兴隆洼文化时期房址的居住面的中间部分经过二次加工，多抹黄色草拌泥并用火进行烧烤；四周接近墙壁处多由原生黄土踩踏而成——以隆起的土埂为分界线。其次，房址内部的遗迹现象独特。房址内部除发现窑址外，还发现有圆窝形石块坑、马蹄形泥圈及石块等。圆窝形石块坑就是在居住面上挖一不规则圆坑，坑内放入一块圆窝状石头，与居住面几乎平齐。圆窝形石块坑旁边多有马蹄形泥圈和石块出土。马蹄形泥圈多为半圆形，中心部位多经过烧烤。泥圈主要有三种形式，即一个独立泥圈、两个泥圈分开放置或双圈相套。这类遗迹现象的出现可能与当时人类的生产活动有关，推测泥圈可能为加工后的粮食暂存之处。

克什克腾旗南台子遗址

南台子遗址坐落于赤峰市克什克腾旗碧柳河（西拉木伦河支流）的西岸台地上。为配合铁路建设，内蒙古文物考古研究所于1991年5月组织人员对该遗址进行了抢救性考古发掘，发掘面积3000余平方米，发掘清理兴隆洼文化时期房址33处。

南台子遗址中的房址成排分布，平面多呈长方形、圆角方形，少数呈梯形面积在20～81平方米之间，房址F4面积最大。房屋建筑结构多为半地穴单间式，仅F24为双间式。房屋居住面多垫土，部分发现火烤痕迹，少数房址的居住面抹有草拌泥。墙壁残存高度不一，接近垂直，表面较平整，个别墙壁存在抹泥痕迹。房屋设有门道，朝向多为东南向，极少数朝向南或者西南。除个别保存不佳的房址外，均发现有灶址。灶址位于房址中部，多靠近门道。灶分石板灶和地面灶两类，石板灶用长条形石板围砌成方形或者长方形。个别房址中发现有柱洞，柱洞平面呈圆形或者椭圆形。值得注意的是，南台子遗址中的所有房址内部都出土了陶器、石器、骨器等遗物。除此之外，双间式房址 F24 前、后室都有一个灶址，前室灶址呈长方形，后室灶址呈方形。

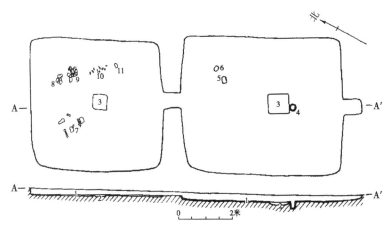

图 2.25　房址 F24 平面及剖面图 [1]

　　总之，兴隆洼文化时期房址的共同特点主要有：布局规整有序；房屋建筑结构均为半地穴式，房址平面多呈长方形、圆角方形面积有大、中、小之分；圆形土坑灶多位于房址中部；柱洞主要有双圈排列和单圈排列两种。差异性主要表现在：兴隆洼遗址和查海遗址的房址内存在居室葬现象，白音长汗遗址不存在这类现象；白音长汗遗址的房址中出现了细长狭窄门道，而兴隆洼遗址和查海遗址中未曾出现。

　　综合以上对红山文化时期房址和兴隆洼文化时期房址的描述，

　　1　内蒙古自治区文物考古研究所：《克什克腾旗南台子遗址》，载《内蒙古文物考古文集·第二辑》，中国大百科全书出版社 1997 年版。

我们可以从房屋建筑结构、面积、建造技术三方面比较分析二者的异同点。

从建筑结构上看，这两个时期的房屋均为半地穴式，无地面式建筑。平面形态均以方形、圆角方形为主，不同之处是红山文化时期出现了圆形房址。此外，兴隆洼文化时期房屋结构有单间式、双间式、二层台式三类；红山文化时期房屋结构仅有单间式、双间式两类，不存在二层台式建筑。单间式房屋在这两个时期均占有主导地位，双间式房屋不是很多。红山文化七家遗址中发现3处双间式房址，兴隆洼文化南台子遗址中发现1处双间式房址，二者有一定差别。首先，在结构上，七家遗址中的双间式房址前室小、后室大；南台子遗址中的双间式房址前室大、后室小，前、后室各有一个方形灶址。其次，在灶址上，七家遗址房址中的2处灶址一方一圆，均位于后室；南台子遗址房址中的灶址均为方形，前、后室各有一个。

从面积上看，均有大、中、小之分，但兴隆洼文化时期房址的面积普遍大于红山文化时期房址的面积。红山文化时期以中小型房址为主，大型房址不多；兴隆洼文化时期中型房址、大型房址较多，房址面积多集中在 20～60 平方米之间，甚至出现了超大型房址，如辽宁省阜新市查海遗址中的F46，面积150 余平方米。房址面积的差异，应与其社会组织结构有关。房址面积大，说明当时居住的人数较多，或者在房屋内从事的生产活动较多。兴隆洼文化时期可能是多个家庭一起居住在一个大房子内；到了红山文化时期，则可能是单一家庭独自居住在一个房子内。根据两个时期房址内出土的遗迹、遗物，结合相关学者的研究，推测兴隆洼文化时期房屋功能更多、更全面一些。

从建造技术上看，兴隆洼文化时期房屋建造技术应更为复杂，房址内多见柱洞且数量较多，有一定分布规律，有单圈柱洞和双圈柱洞之分；红山文化时期房址中很少发现柱洞，即使有，数量也不是很多。在居住面和墙壁处理上，红山文化时期更先进一些。兴隆洼文化时期房址多为生土居住面和垫土居住面，少数房址居住面局部抹泥，用火烧烤；红山文化时期房址除有抹泥居住面外，还出现了夹杂有料礓石的呈灰白色的踩踏面。

通过对同一区域内的红山文化时期房址与兴隆洼文化时期房址进行比较分析，可知红山文化时期房屋在建筑结构上多继承了兴隆洼文化时期的房屋，以单间半地穴式为主。这与两文化处于同一区域、生态环境变化不是很大有直接关系。但红山文化时期的房屋也有自身独特之处，如面积普遍较小，有斜坡式门道，柱洞较少，这应与其社会组织结构、生产生活方式及建筑技术有关。

2. 相邻区域的仰韶文化时期房址

仰韶文化是新石器时代中原腹地重要的考古学文化，与红山文化分布区距离较近，且时间相当。仰韶文化距今约 7000～5000 年，因最早发现于河南省渑池县仰韶村而被命名。2021 年是仰韶文化发现 100 周年。100 年来，通过考古调查，发现仰韶文化时期遗址数千处，其中经过正式考古发掘的遗址有 200 多处。这些遗址中发现了一定数量的房址，主要有郑州林山寨遗址、郑州后庄王遗址、郑州大河村遗址、辉县孟庄遗址、郑州西山仰韶文化城址、灵宝西坡遗址、偃师灰嘴遗址、郑州站马屯遗址等。下面以郑州大河村遗址、灵宝西坡遗址、偃师灰嘴遗址、郑州站马屯遗址为代表，对仰韶文化时期的房址进行简单介绍。

河南省郑州大河村遗址

大河村遗址位于河南省郑州市东北部，南距郑州市区 6 公里，北距黄河 7.5 公里，是一处包含有仰韶文化、龙山文化和夏商时期文化的大型聚落遗址。该遗址早在 1964 年就被发现，1972 年至 2015 年，先后进行了 25 次田野考古发掘，发掘总面积 6000 余平方米，发掘清理房址 50 余处。房屋建筑结构有半地穴式和地面式两种，绝大多数为地面式建筑，有单间式、双间式、套间式三种形式。房址平面形态以长方形为主，一般为多个房址相连成排分布。1972 年发掘清理出一批相互连接的房址，即 F1、F2、F3、F4；2010 年至 2011 年发掘清理出一批成排分布的连间式房址，即 F51、F52、F53。

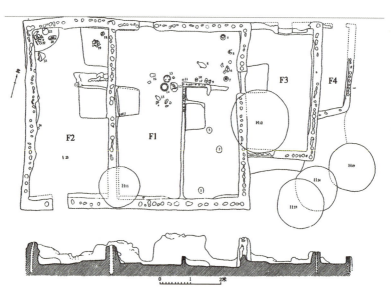

图 2.26　房址 F1、F2、F3、F4 平面及剖面图 [1]

1　陈立信：“郑州大河村仰韶文化的房基遗址”，载《考古》1973 年第 6 期。

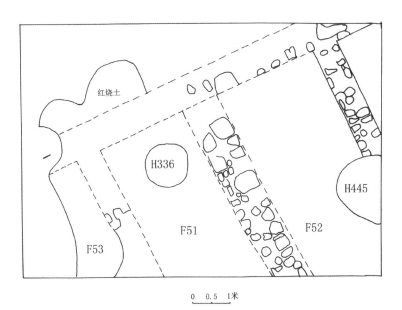

红烧土

H336

F51

F53

F52

H445

0　0.5　1米

图 2.27　房址 F51、F52、F53 平面分布图 [1]

河南省灵宝西坡遗址

　　西坡遗址位于河南省灵宝市阳平镇。该遗址现存面积 40 万平方米，是铸鼎原地区规模较大的古遗址。2000 年 10 月至 12 月，考古人员对该遗址进行首次发掘，发掘面积 400 平方米，未清理出完整房址，仅在公路断崖处发现有房址的白灰面。2001 年 3 月至 5 月，对其进行第二次发掘，发掘面积 550 平方米，发掘清理房址 3 处。2001 年 11 月至 2002 年 1 月进行了第三次田野考古发掘，发掘清理出占地面积达 516 平方米的特大型房址 F105。[2] 此后又进行了多次发掘，也发现了面积较大的房址，如

　　1　张建华、胡继忠、戴建增、杨盼明、韩炜炜、钱燕、杜伟、贺传凯："郑州市大河村遗址 2010—2011 年考古发掘简报"，载《华夏考古》2019 年第 6 期。

　　2　魏兴涛、李胜利："河南灵宝西坡遗址 105 号仰韶文化房址"，载《文物》2003 年第 8 期。

2004 年发掘的房址 F106 面积为 240 平方米，2011 年发掘的房址 F107 面积为 169 平方米。值得注意的是，房址 F106 和 F107 平面形态均为五边形。

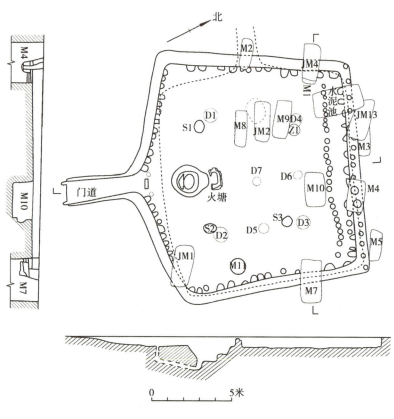

图 2.28　房址 F107 平面及剖面图[1]

1　李新伟、杨海青、郭志委、侯延峰："河南灵宝市西坡遗址庙底沟类型两座大型房址的发掘"，载《考古》2015 年第 5 期。

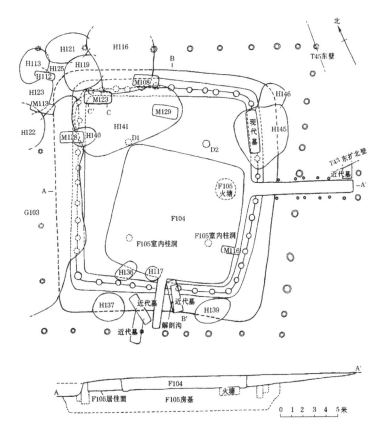

图 2.29　房址 F105 平面及剖面图[1]

1　魏兴涛、李胜利：“河南灵宝西坡遗址 105 号仰韶文化房址”，载《文物》2003 年第 8 期。

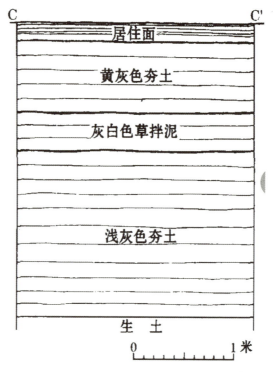

图 2.30 房址 F105 地基及居住面剖面图[1]

　　西坡遗址所独有的大型、特大型房址应不是一般的居住址，推测具有其他特殊功能。F105 建筑规模较大，建筑结构及建筑技术比较复杂，由主室和回廊两部分组成，主室为半地穴式建筑，平面略呈正方形。房屋的地基用不同质地的土壤层层铺垫夯打而成，层与层之间用泥浆抹平，并涂抹朱红色物质。地基之上为居住面，居住面又分多层。该房址的墙壁为内、外两层，夯筑而成，也可见涂抹朱红痕迹。主室发现 2 个室内柱洞和 38 个墙壁柱洞，

1 魏兴涛、李胜利："河南灵宝西坡遗址 105 号仰韶文化房址"，载《文物》2003 年第 8 期。

均为圆形，壁面较直且光滑，底部较平，放有柱础石，柱础石表面涂有朱红色物质。坑式灶位于主室中部靠前位置，正对门道，平面呈圆形。房屋门道朝向东南，窄而长，呈斜坡状。回廊保存状况不佳，仅存围绕于主室四周的柱洞。房屋涂朱红色物质在其他大型、特大型房址中也有发现，如 F106 的居住面和墙壁，推测应与房屋功能及居民信仰有关。

河南省偃师灰嘴遗址

灰嘴遗址位于河南省洛阳市偃师区双泉村灰嘴自然村部。1959 年、2002 年至 2006 年多次发掘。该遗址文化堆积较厚，关系较复杂，发现大量仰韶文化、龙山文化、二里头文化及东周时期的遗迹遗物。其中，2002 年至 2003 年发掘清理仰韶文化时期房址 1 处，2006 年发掘清理仰韶文化时期房址 15 处。

由于发掘面积较小，且多数房址保存状况不是很好，房屋建筑结构不清，平面形态难辨，未发现灶址和门道。但从残存的居住面和仅剩的柱洞可以看出，建造技术多样且较高超。该遗址中的多数房址是在废弃房址上再建的，因在居住面的垫土层中发现有白灰色墙皮和红烧土块，红烧土块上清晰可见木骨纹理，应为废弃房址的木骨泥墙残存。房址 F7 的垫土层有 4 层，包括灰色土层、料礓石土层、含红烧土颗粒的土层以及红烧土层，每层都经过踩踏或者拍打而成，较厚且稍硬。

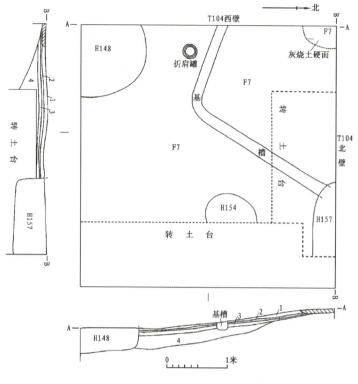

图 2.31　房址 F7 平面及剖面图[1]

　　该遗址中最具代表性的房址为 F5。F5 的居住面可分为 3 层，由混合黏土铺垫而成，黏土中多掺杂有料礓石、碎陶片等，每层都经火烧烤，表面平整光滑。该遗址房址的埋木柱方式也较为多样：有的是挖基槽埋柱；有的在平面夯筑柱础埋柱；还有的先挖出方形、椭圆形等不同形状的柱槽，然后在柱槽中夯筑柱础埋柱。[2]另外，在个别房址的垫土层中还发现用陶罐做奠基现象。

　　1　陈星灿、李永强、刘莉："2002—2003 年河南偃师灰嘴遗址的发掘"，载《考古学报》2010 年第 3 期。
　　2　李永强、陈星灿、刘莉："河南偃师市灰嘴遗址 2006 年发掘简报"，载《考古》2010 年第 4 期。

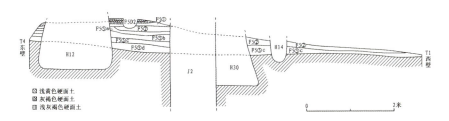

图 2.32　房址 F5 剖面结构图[1]

河南省郑州站马屯遗址

站马屯遗址位于河南省郑州市管城回族区十八里河街道办事处站马屯村南古河道两侧的土岗上。2009 年至 2010 年，为配合

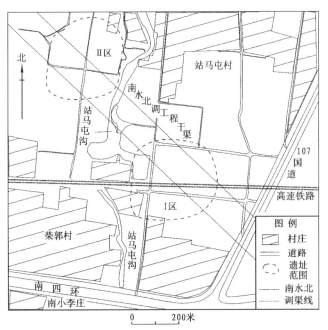

图 2.33　站马屯遗址分布图[2]

1　李永强、陈星灿、刘莉：“河南偃师市灰嘴遗址 2006 年发掘简报”，载《考古》2010 年第 4 期。

2　武志江、林杨、张艳玲：“郑州市站马屯遗址仰韶文化遗存 2009—2010 年的发掘”，载《考古》2011 年第 12 期。

南水北调工程建设，对其进行了抢救性考古发掘。根据当地地形地貌，发掘工作以站马屯沟为界线，分东、西两个区域进行。东部区域发掘面积 459 平方米，西部区域发掘面积 2945 平方米。

西部区域发掘清理出大量仰韶文化晚期遗存，其中有房址 12 处。房址主要有两种类型：一种由柱洞和料礓质地居住面构成。此类房址分布范围不是很清楚，柱洞的分布规律不明确。从已发掘的 2 处房址看，柱洞 4 个一组，呈筒状；料礓质地的居住面不是很平整，部分区域呈缓坡状。另一种由基槽或柱洞或基槽下加柱洞的形式构成。[1] 此类房址共发掘清理 10 处，面积不是很大，

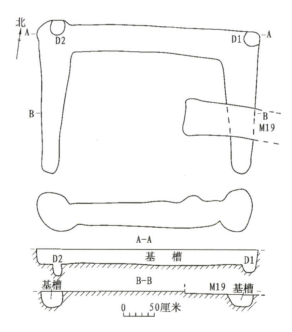

图 2.34　房址 F3 平面及剖面图[2]

1　武志江、林杨、张艳玲："郑州市站马屯遗址仰韶文化遗存 2009—2010 年的发掘"，载《考古》2011 年第 12 期。

2　武志江、林杨、张艳玲："郑州市站马屯遗址仰韶文化遗存 2009—2010 年的发掘"，载《考古》2011 年第 12 期。

在 7 ~ 14 平方米之间；多为地面式单间建筑，建筑平面呈方形或圆角方形；建筑形式为直接在生土上挖出基槽，再利用柱洞竖立木杆，进而建起房屋。

综合以上对仰韶文化时期典型遗址的房址的简单介绍，我们可以从房屋建筑结构、面积、建造技术三方面比较分析红山文化时期房址与仰韶文化时期房址的异同点。

从建筑结构上看，仰韶文化时期的房屋建筑结构更为复杂，有半地穴式建筑、地面式建筑、窑洞式建筑三种，以地面式建筑为主，半地穴式和窑洞式建筑较少；红山文化时期的房屋则均为半地穴式建筑。仰韶文化时期的房屋结构更复杂，除常见的单间式、双间式房屋外，还出现了套间式房屋及回廊式建筑。仰韶文化和红山文化时期的房址平面形态均以方形、圆角方形为主，但仰韶文化时期的房址平面还出现了五边形形态。两个文化时期的房屋在建筑结构上的差异应与其分布区域地理环境不同有很大关系。

从面积上看，两个文化时期的房址均可分为小型、中型、大型三类。但红山文化时期以小型房址、中型房址为主，大型房址不多，未见特大型房址，房址面积差别不是很大；仰韶文化时期房址的面积差别较大，出现了特大型房址。大型房址、特大型房址应具有某种特殊功能，不是普通居住址。

在建造技术方面，仰韶文化时期房屋的建造技术更先进、更复杂一些。房址内出现壁龛式灶，不见瓢形灶；除了斜坡式门道外，还出现了台阶式门道，部分房址还在门道外建有门槛；个别大型、特大型房址外侧建有回廊；居住面多经过二次处理，有的甚至经过多次处理，并涂有朱红色物质；多见木骨泥墙，有壁龛，这在

红山文化时期房址中极为少见。除此之外，仰韶文化时期房屋的建造技术还有烧土垒砌、夯土版筑等。虽然在红山文化时期房址中也见有夹杂料礓石的呈灰白色的居住面，也出现了木骨泥墙，但其技术水平较仰韶文化还有一定差距。

结语

红山文化是我国非常重要的一支新石器时代考古学文化。红山文化房址多集中在中期遗址中，这可能与目前开展的考古发掘工作不够全面有关。就目前发掘的房址来看，房屋均为半地穴式建筑，无地面建筑，以单间式房屋为主，双间室房屋不多，仅在敖汉旗七家遗址中有所发现；房址平面形态以方形、圆角方形为主，梯形、圆形以及"凸"字形房址较少，圆形房址仅见于辽宁省朝阳市小东山遗址，梯形房址以林西县柳树林遗址中的 F19 为代表；房址规模不是很大，面积差别较小，大型房址极少，仅在赤峰西水泉遗址和红山区魏家窝铺遗址中发现 2 处，至今未发现特大型房址。从建造技术上看，房址大多没有发现柱洞，即使发现，数量也不是很多；出现夹杂料礓石的呈白灰色的居住面；墙壁以生土墙为主，有的经过二次处理，抹有草拌泥，有用火烧烤的痕迹；灶多为坑式灶，有深坑灶和浅坑灶之分，形状以瓢形为主；门道以斜坡式为主，朝向不一致。

红山文化与兴隆洼文化时期房址有很多相同之处，这与二者处于同一区域、生态环境相差较小有关。但红山文化时期房址又有其独特之处，如出现圆形房址，多数房址具有斜坡式门道，较少使用柱洞，房址规模以中小型为主。红山文化与仰韶文化时期房址相比，无论是在建筑结构上，还是在建造技术上，都有较大差异，这与其分布区域生态环境不同及社会组织结构、生产生活方式不同有密切关系。但二者也有一些相近之处，如房址平面都以方形和圆角方形为主，居住面都经过处理等。

第三章　葬之以礼

　　我国的墓葬文化是伴随着中华文明诞生并延续至今的一种人类的文化行为和文化现象。人类将死者的尸体或尸体的残余按一定的方式放置在特定的场所，称为"葬"；将用以放置尸体或其残余的固定设施，称为"墓"。在中国考古学中，二者常合称为"墓葬"。据考古发现，早在旧石器时代晚期，就已经出现了墓葬，这说明远古时期人类已经有了丧葬的意识。此后，随着物质的日渐丰富和社会文明的不断发展，相应的仪式和礼俗逐渐形成并出现了殉牲和随葬品。因此，墓葬不但可以反映当时的风俗习惯及宗教观念、生产和生活状况，还能反映社会、政治、经济等情况。考古学主要通过研究墓葬的葬法、葬式、葬具及随葬品等为丧葬方式和礼俗的发展提供实证。葬式指安葬死者的姿态，如仰身直肢葬、屈肢葬等。葬法指处理尸体的方式和方法，如火葬、土葬等。葬具指装盛死者遗体、遗骨（骨灰）的器具，如棺、椁、骨灰盒等。随葬品指和逝者一同放入墓穴里的物品，其常为墓主身份地位的象征。

　　新石器时代，随着生产力的发展，社会文明程度有了提高，社会组织结构产生了较大变化，陶器、青铜器等的制造技术得到提升，墓葬也逐渐形成一系列特定习俗。作为我国北方新石器时代考古学文化的典型代表，红山文化在墓葬方面也独具特色。

一、红山文化时期墓葬

红山文化时期墓葬是由本地区兴隆洼文化时期墓葬发展而来的。红山文化晚期，墓葬规模变大，形制更趋复杂，且与宗教礼仪关系更加密切。目前，已正式发掘出红山文化时期墓葬的遗址有克什克腾旗南台子、巴林左旗友好村、林西县白音长汗、辽宁阜新胡头沟、辽宁凌源田家沟、辽宁朝阳东山岗、敖汉旗草帽山、辽宁朝阳半拉山、辽宁朝阳牛河梁等，其中，克什克腾旗南台子、巴林左旗友好村、林西县白音长汗遗址中有红山文化中期墓葬，其余遗址中皆有红山文化晚期墓葬。

1. 中期墓葬

林西县白音长汗遗址

林西县白音长汗遗址四期遗存属红山文化，发现墓葬 6 座，分别编号为 M14、M15、M18、M21、M22、M23。其中，墓葬 M14、M15、M18、M21 位于南、北两个山坡间的鞍部，错列排开，朝向东北；墓葬 M22、M23 周围有居住址。墓葬形制有石板墓和土坑墓两种。石板墓是先挖一土坑，后用石板做墓底、四壁或墓顶。M14、M15、M18 皆为石板墓，墓底未铺石板，四壁立砌石板，大部分较直，墓顶盖以石块。M21、M22、M23 为圆角长方形竖穴土坑墓，直壁或倾斜直壁，平底。6 座墓葬中有 5 座发现人骨，均为单人葬，死者头向东北，个别向北。随葬品数量极少，仅见 2 件，一件为在 M5 中发现的带盖陶鼎，一件为在 M23 中发现的绘黑彩的泥质红陶片。

M23 墓主为女性，在其下肢下方发现随葬品彩陶 1 片。

M14 位于Ⅲ号墓区南部，为石板墓，平面呈长方形，地表积石为长条形，四壁倾斜，立砌石板，平底。墓主为成年男性，约40 岁，葬式为仰身直肢葬，无随葬品。

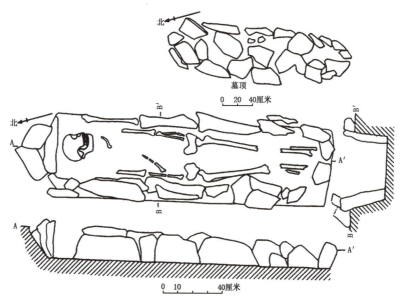

图 3.1　墓葬 M14 平面及剖面图 [1]

M15 位于Ⅲ号墓区西部，为长方形石板墓，墓顶为一层长方形积石，斜壁，立砌石板，平底。墓主为成年人，性别不详，骨架保存较差，从残余下肢看，为直肢葬，在下肢左下侧发现带盖陶鼎 1 件。

1　内蒙古自治区文物考古研究所：《白音长汗——新石器时代遗址发掘报告（上）》，科学出版社 2004 年版。

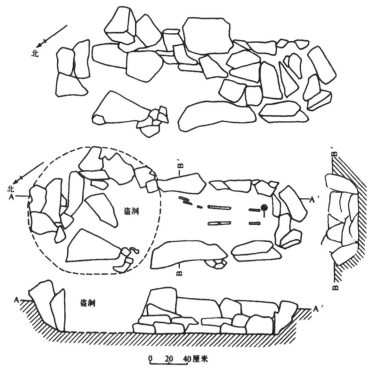

图 3.2 墓葬 M15 平面及剖面图 [1]

巴林左旗友好村墓地

　　2011 年 7 月至 8 月，为配合集通铁路复线工程建设，考古人员对二道梁遗址进行了第二次发掘。此次发掘清理墓葬 7 座（编号为 M1—M7），位于山梁顶部或略偏下位置，分布较密集，部分被盗掘。墓葬为竖穴土坑墓，无复杂的砌石或立石修筑，平面形状不规则，多为近长方形，少数为近圆形。其中，M1、M6 为双人合葬，其余为单人葬。M1 位于墓地东侧，平面近长方形，墓底不

　　1　内蒙古自治区文物考古研究所：《白音长汗——新石器时代遗址发掘报告（上）》，科学出版社 2004 年。

平；人骨保存状况较差，一侧为侧身直肢葬，另一侧人骨仅存头骨和少量肢骨。其余墓葬葬式不清。随葬品有陶器、玉器、石器等。其中，陶器器形有罐、钵等，多为泥质红陶和夹砂灰褐陶；玉器的材质有巴林石、岫岩玉等，器物主要有玉环、玉管、玉配饰、玉锛等；石器有石镞、石核、石叶等。随葬品中陶器未见完整器，部分玉器也是残破的，推测与"毁器"习俗有关。

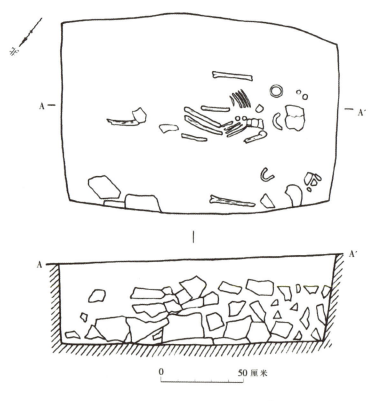

图 3.3　墓葬 M1 平面及剖面图[1]

1　内蒙古自治区文物考古研究所："巴林左旗友好村新石器时代墓地发掘"，载《草原文物》2014 年第 1 期。

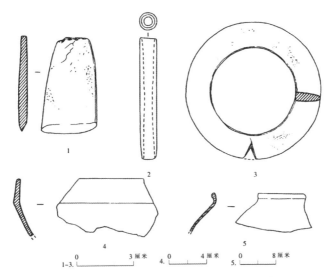

图 3.4 巴林左旗友好村墓地出土器物[1]

1. 玉锛（M1:2） 2. 玉管（M3:1） 3. 玉环（M1:1）

4. 陶钵口沿（M5:3） 5. 陶罐口沿（M1:7）

　　总之，依据墓葬形制和随葬品种类等，推测巴林左旗友好村墓地应该为红山文化中期普通社会成员的墓地。

　　2. 晚期墓葬

克什克腾旗南台子遗址

　　1991 年 5 月，为配合铁路建设，对该遗址进行抢救性发掘，"发现了一处保存比较完整的兴隆洼文化聚落遗址，还发掘出一批红山文化遗存、少量夏家店下层文化和辽代遗物"[2]。其中，发现红山文化墓葬 13 座，主要位于遗址东部，除 M10 为圆形直壁竖穴土坑墓外，其余皆为长方形竖穴土坑墓，墓葬 M7、M11、M12 周围有

　　1　内蒙古文物考古研究所："巴林左旗友好村新石器时代墓地发掘"，载《草原文物》2014 年第 1 期。

　　2　内蒙古文物考古研究所：《克什克腾旗南台子遗址发掘简报》，载《内蒙古文物考古文集·第一辑》，中国大百科全书出版社 1994 年版。

积石环绕。除 M13 为四人合葬墓、M1 为双人合葬墓外，其他都是单人葬。葬式多为仰身直肢葬，少数为侧身屈肢葬。多数墓葬未见随葬品。

M1 位于遗址东部，为圆角长方形竖穴土坑双人合葬墓。2 具人骨保存状况较差，头均朝向正西。葬式上，南侧的为仰身屈肢葬，北侧的为侧身屈肢葬，之字纹筒形罐、石斧、石锛、三角形磨制石器、骨器等随葬品散布于骨架周围。

图 3.5　墓葬 M1 平面及剖面图[1]

1. 石铲　2. 三角形磨制石器　3、4. 陶罐
5. 陶片　6. 骨器群　7. 石块　8. 石斧

1　内蒙古文物考古研究所：《克什克腾旗南台子遗址》，载《内蒙古文物考古文集·第二辑》，中国大百科全书出版社 1997 年版。

M7 为规模较大的长方形石板墓，墓周围堆有大量石块，墓四壁和顶部砌筑大块石板，墓底为生土。葬式为仰身直肢葬，单人葬，随葬品有玉玦 2 件、石凿 1 件及贝壳 1 件。根据墓葬所处位置、形制和随葬品等，推测墓主的社会地位较高。

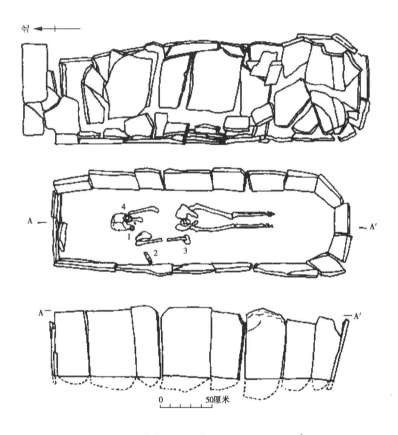

图 3.6　墓葬 M7 顶部与平面及剖面图[1]
1、4. 玉玦　2. 石凿　3. 贝壳

1　内蒙古文物考古研究所：《克什克腾旗南台子遗址》，载《内蒙古文物考古文集·第二辑》，中国大百科全书出版社 1997 年版。

M10 为圆形直壁竖穴土坑墓，单人葬，葬式为侧身屈肢葬，头部朝向东北，无随葬品。

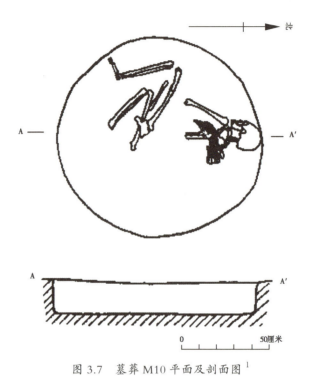

图 3.7　墓葬 M10 平面及剖面图[1]

M13 为圆角长方形竖穴土坑墓，东西向，四人合葬。人骨保存状况极差，除北侧一具为仰身直肢葬外，其他 3 具葬式不清。之字纹筒形罐、敞口钵、石磨盘、石斧、骨匕、骨刀等随葬品散布于墓穴东侧。[2]

1　内蒙古文物考古研究所：《克什克腾旗南台子遗址》，载《内蒙古文物考古文集·第二辑》，中国大百科全书出版社 1997 年版。

2　内蒙古文物考古研究所：《克什克腾旗南台子遗址》，载《内蒙古文物考古文集·第二辑》，中国大百科全书出版社 1997 年版。

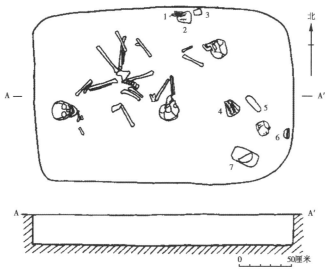

图 3.8　墓葬 M13 平面及剖面图 [1]
1. 骨器　2、4. 陶罐　3. 石铲　5. 石斧
6. 陶钵　7. 石磨盘、磨棒

中国历史研究院考古研究所研究员刘国祥认为克什克腾旗南台子遗址墓葬属于红山文化晚期遗存，为以牛河梁为代表的红山文化晚期大规模积石冢群的出现奠定了基础。[2]

胡头沟遗址

胡头沟遗址位于辽宁省阜新蒙古族自治县台吉村胡头沟组。1973 年 7 月，辽宁省博物馆文物队和阜新市文化局组成联合工作队对该遗址进行正式发掘，清理出 2 座红山文化玉器墓，编号为 M1 和 M3。1993 年 10 月底，再次进行调查和发掘，又清理出 2 座墓葬，编号为 M6 和 M7。

1　内蒙古文物考古研究所：《克什克腾旗南台子遗址》，载《内蒙古文物考古文集·第二辑》，中国大百科全书出版社 1997 年版。

2　刘国祥：《红山文化研究》，中国社会科学院研究生院博士学位论文，2015 年。

M1规模较大，内置长方形石棺，东西向，四壁用较厚的石板砌筑，底部和顶部用薄石板覆盖，南侧墓壁有生土台阶。葬式为仰身直肢葬，头朝向西，单人葬。收集到随葬品15件，均为玉器，包括勾云形玉佩1件、玉璧1件、玉环1件、玉珠3枚、玉龟2件、玉鸮2件、玉鸟1件、棒形玉4件。

M3位于遗址南侧，为多室石棺墓，墓内被石板分割成5个单室墓，除一室疑似双人葬外，其余均为单人葬。墓主皆为成人，人骨保存状况较差，仅第三室可见葬式为仰身直肢葬，其余各室人骨不全。出土随葬品共3件：第三室出土鱼形坠1件，第四室出土三联玉璧1件，第五室出土鱼形坠1件。[1]

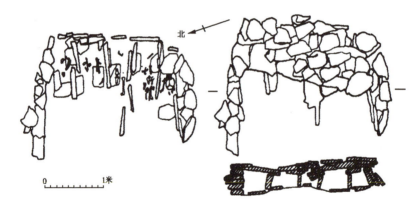

图 3.9　墓葬 M3 平面及剖面图[2]

M6位于M1南侧，用石块、石板砌筑而成，石板做顶盖，单人葬，头东足西，无随葬品。

1　方殿春、刘葆华："辽宁阜新县胡头沟红山文化玉器墓的发现"，载《文物》1984年第6期。

2　方殿春、刘葆华："辽宁阜新县胡头沟红山文化玉器墓的发现"，载《文物》1984年第6期。

M7 由石板筑成，用石板做顶盖，单人葬，发现残断玉环 1 件。

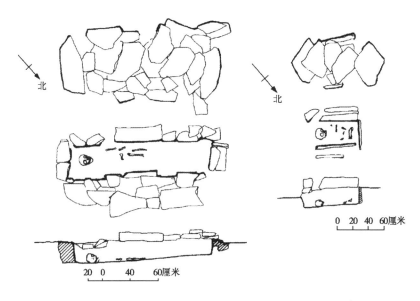

图 3.10　墓葬 M6（左）、M7（右）平面及剖面图[1]

田家沟西梁头遗址

　　田家沟西梁头遗址位于辽宁省凌源市三家子蒙古族乡河南村。
该遗址于 2009 年被发现，当年 7 月至 10 月进行抢救性考古发掘，
发掘面积 525 平方米。对第一、二地点进行清理时，发现墓葬 7 座，
其中，墓葬 M5 位于北部较高处，其他 6 座在北、东、南三面呈半
圆形分布。2010 年 8 月至 11 月，对第三、四地点进行局部清理。
截至 2012 年 3 月，共发现红山文化晚期墓葬 42 座。第三、四地
点均发现男女双人合葬墓，第四地点双人合葬墓中取消了男女之
间的隔离物。其中，3 座男女双人合葬墓均是男右女左，推测为夫

_____

　　1　方殿春、刘晓鸿："辽宁阜新县胡头沟红山文化积石冢的再一次调查与发
掘"，载《北方文物》2005 年第 2 期。

妻，表明家庭单位已经出现。

M1 与 M6 为异穴合葬墓，均为土圹砌石墓，平面呈圆角长方形。M1 墓顶有盖板，四壁用石板平砌，墓底为基岩；墓主人为成年男性，葬式为仰身直肢葬，单人葬；随葬品有玉镯 1 件。M6 东壁为基岩，西、南壁立置石板，北壁用石板平砌；墓主人为成年女性，左手腕至左脚处放置一根已朽木棍，葬式为仰身直肢葬，单人葬；未见其他随葬品。

M2 位于灰坑 H1 西侧，为土圹砌石墓，平面呈圆角长方形，内置石棺。墓顶仅在头端残存一块盖板，墓底为基岩，西壁立置石板，其他三壁用石板平砌。墓主人为一成年人，性别不详，葬式为仰身直肢葬，随葬品有玉蚕形器 1 件。

M3 为土圹砌石墓，平面呈圆角长方形，内置石棺。墓顶有盖板，墓底为基岩，东、西壁用石板平砌，南、北壁立置石板。墓主人为一成年人，性别不详，葬式为仰身直肢葬，未发现随葬品。

M4 为土圹砌石墓，平面呈圆角长方形，内置石棺。墓顶有盖板，墓底为基岩。西壁下部为基岩，内有石板立置，上部用石板平砌；北壁为基岩；东、南壁用石板平砌。南壁上口内倾，其余三壁外倾。墓主人为成年女性，葬式为仰身直肢葬，单人葬，随葬品有玉镯 1 件。

M5 位于墓地中心，为土圹砌石墓，平面呈圆角长方形，墓顶有盖板，墓底为基岩，有生土二层台。南、北壁立置石板；东壁北侧平砌石板，其他为基岩壁；西壁两侧平砌石板，中间为基岩，内有石板立置。墓主人为成年男性，葬式为仰身直肢葬，单人葬，随葬品有玉镯 1 件、绿松石坠饰 1 件。

M7 位于 M2 西侧，为土圹砌石墓，平面呈圆角长方形，内置石棺。

墓顶有盖板，墓底为基岩，东壁立置石板，北、西、南三壁平砌石板。墓主人为成年男性，葬式为仰身直肢葬，单人葬，未见随葬品。[1]

总之，田家沟西梁头遗址墓葬属于中下等级别，规格上低于牛河梁遗址同类遗存。

半拉山墓地

半拉山墓地位于辽宁省朝阳市龙城区召都巴镇尹杖子村。第三次全国文物普查时发现该墓地盗掘严重，后进行抢救性考古发掘。2014年至2016年，共清理墓葬78座。墓地分为南、北两区，墓葬主要分布在南区，北区的祭坛外围也有零散分布。葬法主要有一次葬和二次捡骨葬两种，二次捡骨葬较多。一次葬的葬式均为仰身直肢葬。墓葬均为单人葬，多头东足西。墓葬从形制和构造上看，可分为土坑墓、石棺墓和积石墓三类，有早、晚两期之分。早期墓葬15座，不见积石墓，其中土坑墓6座、石棺墓9座；晚期墓葬63座，包括中心大墓1座（编号M20）、土坑墓14座、石棺墓46座、积石墓2座，主要分布在墓地南部和北部祭坛外围。

土坑墓均为长方形竖穴墓，不见葬具，随葬品较少，人骨保存状况较差，有单人二次捡骨葬葬法。如早期墓葬M49，平面呈圆角长方形，墓坑底为基岩且不平，东端立一白色石块，墓顶用2块大石板分两层封盖。葬法为二次捡骨葬，人骨叠放在一起，保存状况较差，仅见头骨和肢骨，出土1件残破白色玉环，可复原。

1 刘国祥：《红山文化研究》，中国社会科学院研究生院博士学位论文，2015年。

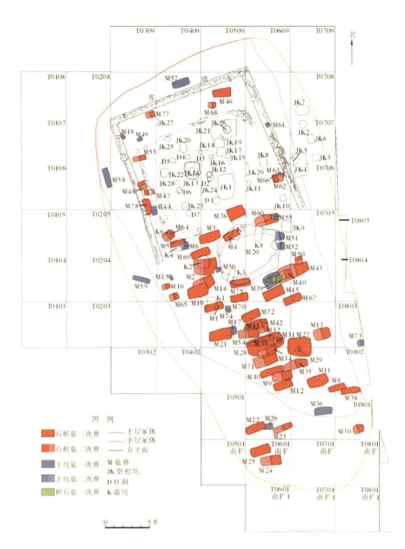

图 3.11　半拉山墓地遗迹分布图[1]

1　熊增珑、樊圣英、吴炎亮、李松海、辛宇、高铁："辽宁朝阳市半拉山红山文化墓地的发掘"，载《考古》2017 年第 2 期。

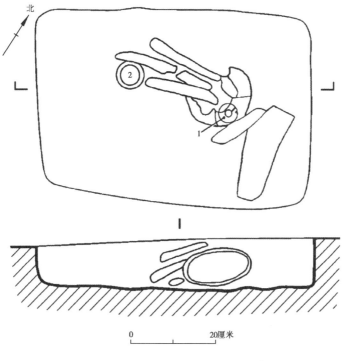

图 3.12　墓葬 M49 平面及剖面图 [1]
1. 玉璧　　2. 玉环

　　石棺墓为半拉山墓地最主要的墓葬形制，分布较密集，南北成行排列，存在叠压打破关系。棺室的四壁均立砌石板，形制较规整，出土遗物丰富。如晚期墓葬 M12，平面呈圆角长方形，石棺顶盖由厚重的大石板制成，用小石块封堵缝隙；四壁用单层石板立砌而成；棺底铺垫 3 块厚重的大石板，小石块封缝，较为平整。人骨保存状况一般，为单人一次仰身直肢葬，随葬品有玉龙 1 件、玉璧 1 件、石钺 1 件、玉兽首形柄端饰 1 件。

　　1　熊增珑、樊圣英、吴炎亮、李松海、辛宇、高铁："辽宁朝阳市半拉山红山文化墓地的发掘"，载《考古》2017 年第 2 期。

　　半拉山墓地中的积石墓数量较少。该类墓葬是在积石堆上拣出石圹，石圹多不规则，上方用碎石封盖，出土遗物较少。如 M37 墓葬，墓圹平面近长方形，圹壁不规整，圹底不平，人骨保存状况较差，为单人一次仰身直肢葬，无随葬品。

　　M20 为发掘区中部的一座大墓，属于红山文化晚期石棺墓。墓圹平面近圆角长方形，圹壁内收出二层台且下部和底部均为基岩。墓圹内未见石棺，亦无人骨，出土残玉环 10 件、玉芯 3 件、玉料 1 件、石斧 2 件、石铲 1 件。[1]

图 3.13　墓葬 M20（西—东向）[2]

　　1　熊增珑、樊圣英："辽宁朝阳半拉山墓地考古发掘取得重大收获"，载《中国文物报》2016 年 12 月 30 日。

　　2　熊增珑、樊圣英、吴炎亮、李松海、辛宇、高铁："辽宁朝阳市半拉山红山文化墓地的发掘"，载《考古》2017 年第 2 期。

草帽山遗址

草帽山遗址位于赤峰市敖汉旗四家子镇东郊的草帽山后山梁上，1983年春在敖汉旗文物普查中被发现。该遗址分东、中、西三处。第二地点2001年7月经抢救性发掘，清理出墓葬7座（编号为M1—M7），有2座葬法为二次葬，有1座为儿童墓，有2座墓葬中出土了随葬品。该遗址属于红山文化晚期等级较高的埋葬、祭祀地点。[1]

7座墓葬均为石板墓，其中有5座位于积石冢内，有2座在坛和冢之间。M6、M7叠压在积石冢的南墙下，M6又叠压在M7之上；M4和M5位于积石冢南墙基外侧。M4和M6葬法为二次葬，M5为儿童墓。M1、M2、M3、M7四壁用薄石片平砌而成，墓口用大石板封顶；M4、M6四壁用薄石板立砌而成，墓口用薄石板封顶。

M1的人骨保存较好，葬式为仰身直肢葬，出土随葬品方形玉璧1件。

M5为儿童墓，墓葬形制不详，人骨保存较好，葬式为仰身直肢葬，未见随葬品。

M4葬法为二次葬，肢骨摆放凌乱，未见随葬品。

M2平面呈长方形，四壁用薄石板垒砌而成，墓顶用5块较大石板封顶，葬式为仰身直肢葬，未见随葬品。与M3共用南壁东段。

M3四壁用薄石板平砌而成，墓顶为大石，葬式为仰身直肢葬，未见随葬品。

M6葬法为二次葬，墓底为M7的封顶石板，四壁用薄石板立砌，未见随葬品。

1　孙国军、叶雅慧："赤峰市全国重点文物保护单位（第七批）之十三：敖汉旗新石器时代草帽山遗址"，载《赤峰学院学报（自然科学版）》2014年第30期。

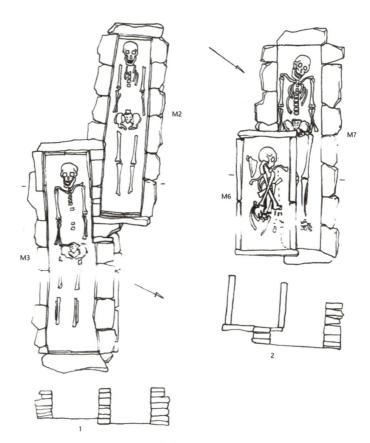

图 3.14　墓葬 M2 和 M3（左）

M6 和 M7（右）位置关系图[1]

　　M7 墓底为基岩，内用长方形石板垒砌，墓顶为长方形石板。人骨保存较好，葬式为仰身直肢葬，随葬品有玉环、骨笛。[2]

　　牛河梁遗址

　　牛河梁遗址共发掘清理出红山文化墓葬 85 座，是迄今所知规模最大的红山文化晚期埋葬和祭祀中心。

1　刘国祥：《红山文化研究》，中国社会科学院研究生院博士学位论文，2015年。

2　刘国祥：《红山文化研究》，中国社会科学院研究生院博士学位论文，2015年。

（1）第二地点

第二地点位于辽宁省朝阳市下辖的凌源市与建平县交界处，自 1983 年至 1998 年，共发掘 6000 平方米，先后发掘 45 座墓葬。

一号冢（编号 N2Z1）位于第二地点的最西端，平面呈东西横向的长方形。一号冢共发现 25 座墓葬（编号 N2Z1M1—N2Z1M27，其中 N2Z1M12、N2Z1M18 因年代不明，不包括在内），包括中心大墓 2 座（编号为 N2Z1M25 和 N2Z1M26）。

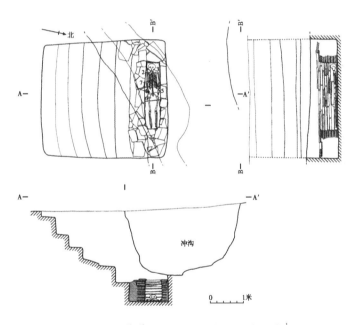

图 3.15　墓葬 N2Z1M25 平面及剖面图 [1]

N2Z1M25 为土阶砌石墓，墓主为成年女性，葬式为仰身直肢葬。墓圹平面为圆角长方形，略呈口小底大状。墓葬南壁凿有 6 层台阶。

1　辽宁省文物考古研究所：《牛河梁——红山文化遗址发掘报告（1983—2003 年度）》，文物出版社 2012 年版。

近北壁砌筑一墓室，长方形，四壁用片状石板砌筑，底铺大块薄石片，未见石盖板。随葬品 17 件，均为玉器，有斜口筒形器、管状器、镯及珠等。

在冢台南侧共发现墓葬 23 座。其中，N2Z1M4 于 1984 年发掘，为无圹长方形砌石墓。墓室四壁立置较为规则的薄石板，石板内外用小石板或石块支撑；墓底未铺石板，为土底；墓顶用 2 层石板封堵。墓主为成年男性，葬式为仰身直肢葬，单人葬，随葬品有玉龙 2 件、斜口筒形器 1 件。N2Z1M7，三人合葬墓，皆为男性，年龄在 18～35 岁之间，二次葬。墓室平面呈"凸"字形，由石灰岩石块堆砌而成；西壁由 3 层石块垒砌，其他三壁不规则；墓顶压封 3 层石块。随葬品有玉环 2 件、玉璧 3 件。

二号冢（编号 N2Z2）位于一号冢的东侧，冢体平面呈正方形。二号冢由 1 座中心大墓（编号 N2Z2M1）和 3 座墓葬（编号分别为 N2Z2M2、N2Z2M3、N2Z2M4）组成。中心大墓是一座设有冢台的大型砌石墓。其他 3 座墓葬分布于冢南侧，N2Z2M2 为土阶砌石墓，其余 2 座为土圹砌石墓。此外，在冢体东外界墙外还发现 1 座墓葬（编号 N2Z2M5）。

N2Z2M1 为大型土圹砌石墓，由地上的冢台和地下的石砌墓两部分组成。墓葬有长方形土圹结构，四壁由 4～6 层不规则的土块、石板平砌而成。人骨保存状况较差，仅见残块，无法判断其年龄、性别及葬式。

四号冢（编号 N2Z4）位于第二地点的东部，占地面积 1294 平方米，1981 年进行试掘，1984 年开始大面积揭露，之后又连续进行发掘。冢体由上层积石冢和下层积石冢两大部分组成。下层积石冢共发现冢墓 10 座，均为土坑墓。其中，N2Z2M5 为土圹嵌石墓，位于冢的中心位置，平面近长方形。墓圹四壁略呈圆弧状，土底，东、西两壁北端贴砌多块石板。墓主为成年女性，葬式为仰身直肢葬，单人葬，随葬品有带盖彩陶瓮、筒形器残部等多件。

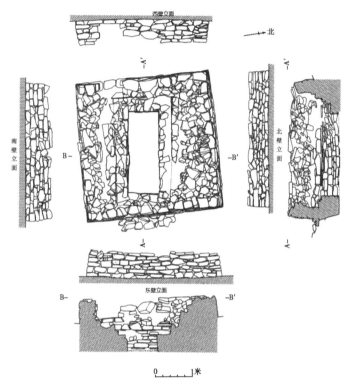

图 3.16　墓葬 N2Z2M1 平面及剖面图与冢台四壁立面图[1]

（2）第三地点

第三地点位于辽宁省朝阳市下辖的凌源市与建平县交界处的牛河梁主梁顶南端山丘最高处，附近山梁是第四、第五地点分布区，三个地点基本呈一条直线东西分布。第三地点共发掘墓葬 11 座（编

1　辽宁省文物考古研究所：《牛河梁——红山文化遗址发掘报告（1983—2003 年度）》，文物出版社 2012 年版。

号为 N3M2—N3M12），均为长方形土圹砌石墓，有玉器随葬的墓
葬有 3 座。中心墓（编号 N3M7）位于山岗最高处中心位置，其南
侧和西南侧排列着其他墓葬。

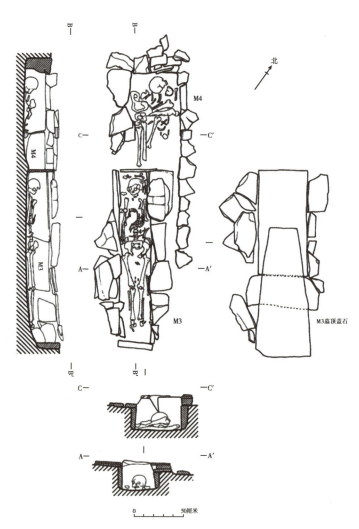

图 3.17　墓葬 N3M3 平面及剖面图与墓顶石 [1]

1　辽宁省文物考古研究所：《牛河梁——红山文化遗址发掘报告（1983—
2003 年度）》，文物出版社 2012 年版。

N3M3 位于第三地点的西南角，墓圹平面呈长方形，内用石板砌筑墓室。墓顶有石盖；墓室壁紧靠土圹壁且下部立置长石板；生土底。墓主为女性，成人，人骨保存较完好，葬式为仰身直肢葬，随葬品有玉璧 1 件、玉环 1 件、玉镯 2 件。

（3）第五地点

第五地点位于凌源市境内牛河梁主梁顶南端山丘较高处（当地俗称"架子山"），1983 年考古调查时被发现。第五地点的文化堆积分为三层：下层遗存为第五地点的早期阶段，以灰坑为主要遗存。中层遗存为第五地点的下层积石冢阶段，主要遗存为积石冢和祭祀坑。积石冢间排列有墓葬 4 座，其中一号冢 3 座（编号分别为 N5Z1M5、N5Z1M6、N5Z1M7），二号冢 1 座（编号 N5Z2M7）。上层遗存为第五地点的上层积石冢阶段，主要遗存为积石冢和祭坛，发现墓葬 6 座，一号冢 1 座（编号 N5Z1M1），二号冢 4 座（编号分别为 N5Z2M1、N5Z2M2、N5Z2M3、N5Z2M9），三号冢 1 座（编号 N5Z3M1）。

N5Z1M1 位于一号冢的偏西部，为该冢的中心墓葬，规模较大，由地下和地上两部分组成，地上部分为土、石合筑的封丘，地下为石砌墓。墓圹凿于基岩之中，圹壁内收形成 2 层台阶，内有石板砌筑的墓室。墓室南、北壁由板状石块平砌而成，东西壁由一整块石板立砌而成；墓室有顶盖，但无底。墓主为成年男性，葬式为仰身直肢单人葬，随葬品有玉器 7 件，包括勾云形器、玉镯、鼓形器等。

（4）第十六地点

第十六地点位于牛河梁红山文化遗址群的西南隅。依据地层和墓葬分布可以分为竖穴土坑墓葬、下层积石冢遗存、N16M9 及相关遗存、西侧墓葬遗存和上层积石冢遗存五部分。其中，竖穴土坑墓葬遗存包括墓葬 N16M2、N16M7、N16M8；西侧墓葬遗存

包括 N16M1、N16M10、N16M11，上部有积石；上层积石冢遗存包括北区的 N16M4、N16-79M1、N16-79M2、N16-79M3 及南区的 N16M12、N16M13、N16M14、N16M15。

N16M2，长方形竖穴土坑墓，墓口打破生土和基岩，斜壁下收，平底，无葬具。墓主人为男性，骨骼保存较完整，头东脚西北，葬式为仰身直肢葬，单人葬。填土中出土夹砂褐陶素面筒形罐残片，未见随葬品。其余 2 座竖穴土坑墓平面亦均呈长方形，斜壁，平底，无随葬品。

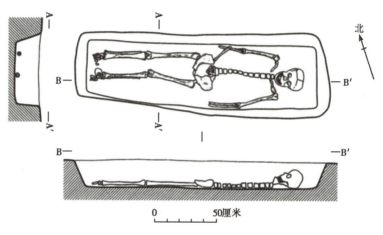

图 3.18　墓葬 N16M2 平面及剖面图 [1]

牛河梁遗址墓葬等级的划分，在一定程度上反映了红山文化晚期的社会分层情况，社会等级得以确立。[2]

此外，发掘红山文化墓葬的还有康家湾遗址和小府河南积石冢。

康家湾遗址位于赤峰市松山区初头朗镇境内。2005 年 3 月至

1　辽宁省文物考古研究所：《牛河梁——红山文化遗址发掘报告（1983—2003 年度）》，文物出版社 2012 年版。

2　刘国祥：《红山文化研究》，中国社会科学院研究生院博士学位论文，2015 年。

4 月，赤峰学院红山文化国际研究中心对其进行了调查，发现了
100 多座石棺墓，形制多为积石封冢，一冢多墓或一冢一墓。对
其中 2 座墓葬进行抢救性清理后发现，其形制与牛河梁遗址、草
帽山遗址发掘的红山文化石棺墓相似，初步推断该地点应是一处
规模较大的红山文化积石冢墓地。[1]

　　小府河南积石冢位于赤峰市喀喇沁旗锦山镇小府河南村东南
山头上。1987 年，中国社会科学院考古研究所内蒙古工作队对该
遗址进行试掘，揭露出石围圈，圈内中心墓已经被破坏，圈外发
现 1 座小型石砌墓。[2]

　　目前，考古学界对红山文化时期墓葬种类的划分存在几种不
同看法。郭大顺先生依据牛河梁遗址墓葬的规模、位置、结构和
随葬品的种类和数量，将红山文化时期墓葬分为"中心大墓、大
型土圹石棺墓、甲类石棺墓、乙类石棺墓和附属墓五种"[3]。熊增
珑根据红山文化时期墓葬的墓圹、葬具及封盖情况，将其分为三型，
即土坑竖穴墓、土坑竖穴石棺墓、土坑竖穴积石墓。其中，土坑
竖穴石棺墓又分为带台阶或二层台的石棺墓、墓圹较深的石棺墓
和墓圹浅且窄的石棺墓三式。积石墓依据石棺的砌筑情况分为规
则砌筑、简单砌筑和简陋砌筑三种形式。[4]曹阳将石构墓葬统称为
土圹石棺墓，并依据石棺的砌筑方式将其分成叠压平砌和立砌两

　　1　席永杰、张国强："内蒙古赤峰市康家湾红山文化及相关遗址调查报告"，
载《赤峰学院学报（汉文哲学社会科学版）》2006 年第 3 期。
　　2　李凤举、张义成："内蒙古喀喇沁旗红山文化积石冢调查简报"，载《北
方文物》2013 年第 1 期。
　　3　郭大顺："红山文化的'唯玉为葬'与辽河文明起源特征再认识"，载《文
物》1997 年第 8 期。
　　4　熊增珑：《红山文化墓葬制度及相关问题研究》，吉林大学硕士学位论文，
2005 年。

种类型。[1] 赵少军认为红山文化时期的石构墓以积石冢为主要表现形式，冢为墓葬的单位。[2]

关于红山文化时期墓葬的分期，目前有以下几种主要观点。张星德先生通过对白音长汗遗址和南台子遗址进行分析研究，认为红山文化早期墓葬的主要形式为积石墓，晚期经历了从土坑墓到石板积石墓的发展过程。[3] 吕学明将红山文化晚期墓葬分为早、晚两个发展阶段。熊增珑将红山文化早期墓葬分为土圹竖穴墓和积石石板墓两个阶段；将晚期墓葬也分为两个阶段，第一阶段以牛河梁第二地点四号冢南部筒形器圈墓和第五地点中层墓葬为代表，第二阶段以第二地点四号冢上层墓葬为代表。[4]

总体来看，红山文化时期的墓葬多分布在高台地或山坡上，有的甚至在山顶上。中晚期墓地附近或墓上常见石围圈或封石堆。墓葬区多远离居住址。主要有土坑墓、石棺墓和积石墓三种形制，石棺墓有单室墓和连室墓之分。根据砌筑方法划分，既有平垒砌的石板墓，也有竖立砌的石板墓，并用石板铺底或做石棺盖。葬具为石棺或无葬具。葬式多为仰身直肢葬，部分为侧身直肢葬，头向东或西北，多为单人葬，亦有双人同穴或异穴葬。墓葬的规模不同，大墓多在墓地的中心位置，随葬品尤以玉器丰富，常被称为"玉器墓"；规模较小的墓葬不但坑穴浅、窄，石棺砌筑极为简单，而且多无随葬品。

1　曹阳：《辽宁地区红山文化墓葬研究》，首都师范大学硕士学位论文，2011年。

2　赵少军："红山文化石构墓葬研究回顾与展望"，载《地域文化研究》2017年第2期。

3　张星德："红山文化分期初探"，载《考古》1991年第8期。

4　熊增珑：《红山文化墓葬制度及相关问题研究》，吉林大学硕士学位论文，2005年。

二、红山文化时期祭祀遗址

祭祀是人类社会早期普遍存在的一种文化现象，世界各地的考古遗址中多存在早期人类祭祀活动的遗迹。祭祀活动是原始崇拜的重要仪式，是早期人类社会生活的重要内容。对祭祀活动进行研究，有助于探寻中华文明传统礼制的起源。红山文化时期的祭祀文化在中国史前文化中晚期具有典型意义，发掘出土的众多坛、冢、庙祭祀遗迹和各种泥质、陶质、石质及玉质神像，无底筒形器、塔形器、彩陶、玉器等礼器，说明祭祀活动是红山先民重要的社会生活内容，具有重要的社会功能和政治功能。同时，红山文化时期的祭祀器具、神像和建筑坛、冢、庙，是探究我国传统礼制起源的重要历史资料。

1. 祭祀遗址的分期与分类

从时期上看，红山文化祭祀遗址可分为早、中、晚三期，不同时期出土的祭祀遗存各具特点，尤以中、晚期遗址更具代表性。中期以赤峰西水泉遗址及那斯台遗址等为代表，出土了人物塑像和陶人面饰，但未出现独立的祭祀遗址。晚期以东山嘴遗址，牛河梁遗址第一地点、第五地点和半拉山墓地为代表，出土了人物塑像、用于祭祀的陶器及规模不同的祭祀遗址。

赤峰西水泉遗址曾出土 1 尊泥质褐陶人形塑像。该塑像为半身像，头部残缺，胸部乳房凸起，推测应为女性。

图 3.19　赤峰西水泉遗址出土的陶人像[1]

　　赤峰市巴林右旗那斯台遗址中采集到的 2 尊石人像，一大一小：大的为垂脚高坐姿态，应是祭祀中的神灵造像；小的为跪坐姿态，面部近菱形，巨鼻大眼深目，具有西方人种的显著体貌特征。此外，还有 1 件用薄石片加工而成的兽面形器。

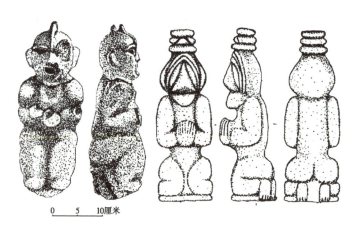

0　5　10厘米

图 3.20　那斯台遗址出土的石人像[2]

　　1　刘晋祥、杨国忠："赤峰西水泉红山文化遗址"，载《考古学报》1982 年第 2 期。
　　2　董文义、韩仁信："内蒙古巴林右旗那斯台遗址调查"，载《考古》1987 年第 6 期。

辽宁省喀左县东山嘴遗址中共发现陶塑人像的残块 20 余件，多为人的肢体部位，未见头部，其中能辨认出体形的可分为小型孕妇塑像和大型人物坐像两类。在石圈形台址东侧和东北侧发现的 2 尊小型孕妇塑像为裸体立像，造型奇特。其中一件（编号为 TD9）"头及右臂均残缺，腹部凸起，臀部肥大，左臂曲，左手贴于上腹，有表现阴部的记号"[1]，有学者认为其表明信奉萨满教的古代先民已有崇拜生育神的意识，且认为这一台址可能为供奉生育神的坛位[2]。石圈形台址东南侧出土了 1 尊大型人物坐像，上、下身各一块，为同一体。东山嘴遗址周围不见墓葬和居住址，应

图 3.21　东山嘴遗址方形祭祀台上成组分布的立石[3]

1　郭大顺、张克举："辽宁省喀左县东山嘴红山文化建筑群址发掘简报"，载《文物》1984 年第 11 期。

2　容观夐："东山嘴红山文化祭祀遗址与我国古代北方民族的萨满教信仰"，载《民族研究》1993 年第 1 期。

3　郭大顺、张克举："辽宁省喀左县东山嘴红山文化建筑群址发掘简报"，载《文物》1984 年第 11 期。

该是一处单纯的祭祀遗址，而其呈现出的中轴线建筑布局，说明当时祭祀活动很可能已出现规范化和礼仪化趋势。[1]

图 3.22　陶塑小型孕妇像（TD9）[2]

图 3.23　东山嘴遗址[3]

1　贺辉：《新石器时代祭祀类遗迹研究》，南京大学博士学位论文，2013 年。

2　郭大顺、张克举："辽宁省喀左县东山嘴红山文化建筑群址发掘简报"，载《文物》1984 年第 11 期。

3　郭大顺、张克举："辽宁省喀左县东山嘴红山文化建筑群址发掘简报"，载《文物》1984 年第 11 期。

从类型上看，红山文化祭祀遗址大体可分为三种：一种为祭坛类祭祀遗址，以辽宁省喀左县东山嘴祭祀遗址为代表；一种为墓地和祭坛共同组成的祭祀遗址，以赤峰市敖汉旗老虎山河流域单坛、单冢或坛冢结合的祭祀性遗址为代表；还有一种是由庙、坛、冢组成的三位一体的规模宏大的祭祀建筑群，以辽宁省牛河梁遗址为代表。[1]

祭祀方式包括墓祭、庙祭、社祭以及燎祭、坎祭、石祭等。其中，墓祭又分两种方式：一种是在墓旁修建建筑来祭祀，如半拉山遗址祭坛西部有建筑址 1 处，其内侧北壁发现祭祀坑；第二种是在墓葬之上进行祭祀，如牛河梁遗址第十六地点一号冢上层积石冢的 4 号墓墓口周围发现火烧硬土遗迹。庙祭，就是在庙中进行祭祀。学者们认为牛河梁女神庙作为牛河梁遗址群的核心建筑，其祭祀对象为祖先，并伴有动物崇拜。社祭，主要用于祭祀土地神。中国社会科学院教授王震中认为，东山嘴遗址中间的方形祭坛中立置的长条形石头是该祭坛祭祀的对象，应属社祭。燎祭，就是把玉帛、牺牲放在柴堆上，焚烧祭天，是古代的一种重要祭祀仪式。东山嘴遗址中的方形祭坛上堆积有黑灰土和碎石片，底部为红烧土面，并出土较多猪骨和鹿骨，疑为牺牲，应属燎祭。坎祭，即把器物、人或牲畜放入坑内祭祀。仅牛河梁遗址第五地点就发现 9 个祭祀坑，坑底、坑壁均有火烧的硬土面，但坑底只有石器和陶器，应为器物祭祀坑。田家沟遗址第三地点的灰坑 H1 第一层的坑底发现一具被砸碎的人骨，疑为人骨祭祀坑。石祭分两种，或用石头进行祭祀，或者积石本身就是祭祀对象。以石为祭是辽西地区新

1　崔岩勤："红山文化祭祀遗址探析"，载《赤峰学院学报（哲学社会科学版）》2013 年第 2 期。

石器时代考古学文化的祭祀传统，红山文化遗址中的积石冢就是用岩石垒砌而成，一些积石冢内还有堆石。[1]

2. 祭祀场所

祭祀场所可分为地上和地下两类。祭祀坑为地下祭祀场所；地上祭祀场所主要有祭祀台（或称为祭坛）、女神庙和墓葬、墓地祭祀遗址。

祭祀坑类的祭祀遗址在牛河梁遗址第一地点和第二地点各发现1处，编号分别为N1H1和N2H3。N1H1位于女神庙南部，坑底部西北角有较厚的灰烬，坑内出土的遗物比较丰富，其中兽骨很多（羊骨最多），都是被敲碎和火烧的大块四肢骨。N2H3位于第二地点东部，坑内有大量遗物，一些器物在原位被打碎，出土的陶器多为日用的大型器。此外，第五地点发现了8处祭祀坑，均位于早期积石冢下，坑底和坑壁有火烧硬土面。

祭坛为地上祭祀场所。白音长汗红山文化早期遗址中就出现了在墓上设圆坛的情况；老虎山河流域红山文化中期遗址亦发现祭坛遗迹；晚期出现单独设置的祭坛，以东山嘴遗址和牛河梁遗址最为典型。

东山嘴遗址中的石砌建筑总体依南北轴线分布，有中心和两翼的主次之分。其中，祭坛设于远离居住址的高山之上，最北部的为方形祭坛，中间的为圆形祭坛，最南部的是数个叠压的圆形祭坛。最北部的方形祭坛基址南北宽9.5米、东西长11.8米，由巨石砌成长方形框，中间有堆石，或立置，或倾斜，是一处平台石祭坛，推测为祭祀地母之场所。最南端有一或二、三个由鹅卵

1　付珈嘉：《大凌河流域红山文化遗存祭祀方式研究》，辽宁师范大学硕士学位论文，2017年。

石砌成的圆圈，为圆形祭台，其中一处直径约为 2.5 米，石像多摆放在圆形祭坛周围。从保存状况看，其修建时间最早，应为祭天的场所，出现叠压现象，推测应修补过。

牛河梁遗址第一地点发现一处南北长约 175 米、东西宽约 159 米的祭坛，第二地点发现三重圆形结构的祭坛，第五地点发现位于两冢之间的方形祭坛。第二地点三号冢的平面呈圆形，为逐步增高的三层圆坛，每层的高差为 0.3～0.5 米，周围散布着大量红陶筒形器。第五地点的三号冢位于积石冢群中心位置，呈长方形，其下有捡骨葬的人骨，发掘者认为此为方形的祭坛式建筑。

有的学者认为这种圆形和方形的祭坛是圜丘祭天、方丘祭地祭祀习俗的重要源头。

牛河梁遗址第一地点中心位置南侧的女神庙遗址，为一组半地穴式建筑，主体包含一个主室和几个相连的侧室及后室，建筑结构复杂，层次分明，沿中轴线对称分布。主室内西侧表层下出土了彩绘泥塑人物头部塑像和肩、臂、手、乳房的残件，以及彩绘墙面残块、特大彩绘陶器残片。女神头像的顶部和左耳均残，鼻子脱落，眼眶内嵌玉片。出土的人像和残块至少分属五六个个体。女神庙是红山文化最重要的祭祀遗迹之一，近似后世的"祖庙宗祠"，其建筑、布局等都体现了相当高的等级性和秩序性，反映出当时红山先民的原始信仰和祭祀礼制已经发展到一定水平。

墓葬、墓地祭祀遗迹主要为积石冢和石圈墓。积石冢是指在墓上封土堆积石块的墓葬，以牛河梁遗址为典型代表。积石冢一般都位于山岗顶部，一个山岗可能有 1～3 座积石冢，平面呈方形、长方形或圆形等，内多设有石棺墓。积石冢自身就带有祭祀功能，相当于祭坛。石圈墓是在墓葬顶部或周围摆砌石圈，这

种祭祀方式也见于胡头沟遗址。考古人员在胡头沟遗址墓葬上揭露出一个大石围圈，仅存东半部。石围圈下压着一层泥质红陶碎片，东外侧还压着一排立置的彩陶筒形器。

牛河梁遗址第二地点和第五地点的积石冢群中，都在中心部位发现了石砌的祭坛，尤其是第二地点的三号冢，是一座三级台阶式的祭坛，周边环绕着 5 座积石冢，祭坛和积石冢之间是一种有序的共存关系。

半拉山墓地积土为冢，在土冢上埋葬和祭祀，由此产生了墓葬和祭祀两种不同的遗迹，并且两种遗迹有明显的分区现象。墓地大致以东、西墙最南端之间的连线为界，分为南、北两区，土冢的北、东、西三面有石墙。祭祀遗迹皆分布于北区，有 29 个祭祀坑和 1 座大型祭坛。祭坛中部发现 1 处木构建筑址，其活动面由人工夯打而成，并发现柱洞，中排 2 个柱洞底部发现有础石，活动面上还发现有大型人像制品等遗物。

总之，红山文化时期已经出现了专门的、固定的、独立分区的祭祀场所，祭祀活动也逐渐仪式化、制度化、神秘化，同时还出现了专门用于祭祀的礼器。[1]

结语

红山文化时期的墓葬和祭祀遗存是祭祀礼仪制度化的重要体现。该时期墓葬形制多为竖穴土坑墓和石板墓，平面多呈长方形，早期无葬具，后期出现了石棺墓；多为单人葬，双人合葬及四人

1　乌兰："红山文化中晚期的祭祀活动及其特点初探"，载《内蒙古社会科学（汉文版）》2013 年第 2 期。

合葬较少；葬式多为仰身直肢葬和仰身屈肢葬，还有少数侧身屈肢或直肢葬；部分墓葬中有陶器（部分墓葬随葬的陶器未见完整器，推测与"毁器"习俗有关）、玉器、石器等随葬品，未见殉牲，且随葬品的数量与墓主的社会地位有关。墓葬及祭祀遗址中出土的玉器是非常重要的礼器。郭大顺先生发现红山文化时期以玉器作为随葬品的墓葬占大多数，且墓葬的规模不同，随葬玉器的级别也不同，规模越大、等级越高，数量也就越多。墓葬及祭祀遗址中出土的陶器主要分为生活用具和祭祀用具两类。整体来看，墓葬中陶器作为随葬品不多见，但在墓外的冢上及祭坛的周围多有散布，主要为无底筒形器（无底筒形器和其他无底的器物均为祭祀的礼器）。

祭祀方面，兴隆洼文化时期就出现了以家户为单元的祭祀活动，赵宝沟文化遗址中又出现了相对独立的祭祀区域，到了红山文化时期，日常生活区域与祭祀活动区域有了更加明显的区分。从祭祀坑、石圈墓、积石冢到坛、庙、冢的配套组合，红山文化后期已经形成了更趋规范化、制度化的祭祀礼俗。较为严格规范的埋葬习俗和有组织、规范化的祭祀活动，都为中华文明传统礼制的起源提供了证据。

第四章　聚落与社会

　　考古学与地理学对"聚落"的定义有一定的区别。考古学界普遍认同考古学家张光直的论述："聚落可以看作考古学的基本分析单位，它是一个静态的、占据着特定时间和空间范围的单位，并包括人工制品、人类居住遗迹以及文化堆积的层位关系。考古学基于研究对象的特殊性拉近了聚落与考古操作中遗址的距离，即在居住地这一概念之外还包括所有人类活动的遗迹与信息，进而与地理学将聚落仅定义为人类各种形式的居住场所形成区别。"[1]本书中论及的"聚落"均属考古学范畴。

一、农业生产促进聚落发展

　　根据目前的植物和动物考古资料，我们基本可以确定，中国北方粟作农业萌芽于上万年之前，而距今 8000 年前后是中国农业起源发展的关键阶段。我国北方发现了真正意义上的早期农业生产的考古证据。其中，西辽河流域兴隆沟遗址第一地点出土了炭化黍粒和炭化粟粒两种小米遗存，共计 1400 余粒，碳 -14 测年为

　　1　韩茂莉："史前时期西辽河流域聚落与环境研究"，载《考古学报》2010年第 1 期。

距今 7650 年，这是已知的具有直接测年数据和准确植物种属鉴定的考古出土年代最早的栽培小米之一。[1]

植物考古研究发现，8000 年前的中国北方粟作农业还处于低级水平，产量极低。在其后 1000 多年的时间里，西辽河流域的先民们仍以狩猎采集为主要谋生手段，粟作农业虽已有了初步发展，但在食物结构中占据的份额最多也只有 25% 左右。[2] 狩猎采集经济对自然资源的过度依赖，决定了这一时期的大小聚落多散布在各种小环境中，如一个小流域或一个盆地之内。大大小小的村落在各种小环境中形成一个个聚落群，整个社会呈现出人口低密度、社会低分化、聚落与自然环境高度契合的状态。[3]

红山文化时期，气候波动相对频繁，不但出现 3 次降温过程，而且在距今 5500 年前后出现了气候变干的趋势。虽然这样的气候波动不能改变大暖期的总体气候特征，但会在一定程度上影响人类赖以生存的动植物资源的分布，导致人们单纯通过采集、渔猎方式获取食物更加困难。为了保证人口的生存繁衍，发展农业以获得稳定的食物来源成为十分必要的选择，因此，农业开始在红山先民的生活中占据重要地位。

中美联合赤峰地区区域性考古研究项目组利用遗址面积与陶片数量对人口指数进行了测算，结果显示：兴隆洼文化时期人口指数为 0.16，赵宝沟文化时期为 1.06，红山文化时期增至 2.78，说明人口在红山文化时期得到大幅增长。人口的增长及农业的发

1　赵志军：《新石器时代植物考古》，载《中国新石器时代考古讲义》，复旦大学出版社 2020 年版。

2　胡耀武：《骨中探秘：舌尖上的中国》，载《中国新石器时代考古讲义》，复旦大学出版社 2020 年版。

3　赵辉："古国时代"，载《华夏考古》2020 年第 6 期。

展促进了聚落的发展，大型中心聚落、聚落群、聚落组群的出现，说明红山文化已进入复杂化社会阶段。

二、红山文化遗址分布

聚落的分布一般受自然和文化两方面因素影响。自然因素包括地形地貌、海拔高程、气候、水系、山脉、坡度、坡向、资源等。文化因素主要体现在人际关系上。

红山文化是主要分布在西辽河和大、小凌河流域的新石器时代晚期文化，距今 6500 ～ 5000 年。西辽河流域地处大兴安岭南麓和燕山北麓夹角地带；大、小凌河水系多分布在辽宁西部，各自汇入渤海。

刘国祥根据红山文化时期遗址的空间位置和文化面貌的差异，将红山文化分成四个类型，即那斯台类型、魏家窝铺类型、牛河梁 - 兴隆沟类型和哈民忙哈类型。

那斯台类型主要分布在西拉木伦河流域。大兴安岭南段山地东北—西南向斜横在西拉木伦河流域以北，形成海拔 2000 米左右的中山丘陵地貌。西拉木伦河南岸主要支流少郎河流域也分布着一定数量的红山文化遗址，赛沁塔拉 C 形碧玉龙和东拐棒沟 C 形黄玉龙均出自该流域。西拉木伦河流经赤峰所属旗县包括克什克腾旗、林西县、巴林右旗、阿鲁科尔沁旗和翁牛特旗。本书论述该类型的分布区域时使用大众熟知的地理称谓，即"西拉木伦河流域"。

魏家窝铺类型主要分布在西拉木伦河与老哈河上游合围之地，与七老图山脉共同构成海拔 1200 米的低山丘陵地貌。这一区域主要包括赤峰市及所属宁城县、喀喇沁旗和辽宁省建平县。由于该区域以赤峰市为主体，故将其定为"赤峰地区"。

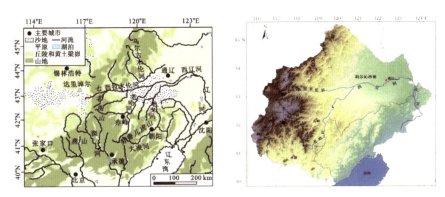

图 4.1　西辽河地区的地形地貌和地理区位示意图[1]

　　牛河梁－兴隆沟类型主要分布在老哈河东岸。老哈河中游、教来河和大凌河形成的区域的中心是东北—西南走向的努鲁儿虎山。[2] 这个区域主要为海拔 1000 米的低山丘陵地貌。区域内水网密布，教来河、大凌河两岸均发育有许多河网并顺地势向四周延伸。该区域主要包括赤峰市敖汉旗和辽宁省凌源市、建平县、喀左县。本书将其定为"牛河梁地区"，但其与牛河梁遗址群是两个完全不同的概念。

　　哈民忙哈类型主要分布在西辽河下游和乌尔吉木伦河下游形成的海拔 400 ～ 280 米的冲积平原上。这一区域主要包括内蒙古通辽市和辽宁省铁岭市。由于该区域内的遗址多分布在科尔沁沙地上，故将其定为"科尔沁沙地区"。

　　西辽河流域地势西高东低，且南、北向中央倾斜，呈面向东北平原的大"C"字形山麓冲积扇形状。

　　1　袁钰莹："全新世中期西辽河流域聚落空间分布及成因"，载《地理科学》2018 年第 5 期。

　　2　袁钰莹："全新世中期西辽河流域聚落空间分布及成因"，载《地理科学》2018 年第 5 期。

　　除位于冲积平原的哈民忙哈类型外，其他三种类型的红山文化聚落址均有向低处迁移的趋势，主要集中在海拔 600～400 米的距河流较近的丘陵、台地及河流阶地上。红山文化分布区在距今 6000 年左右进入最为暖湿的时期，距今 5000 年起，气候逐渐向干凉转变。

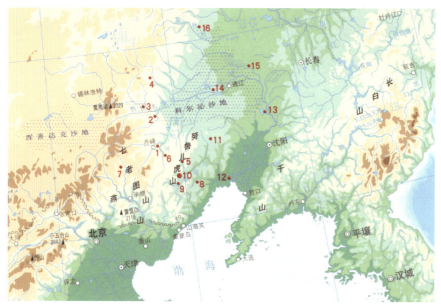

图 4.2　红山文化典型遗址分布示意图[1]

　　红山文化距今 6500～5000 年，时间跨度长达 1500 年，几近夏、商、周三代的时间总和。红山文化在 1500 年的发展进程中发生了十分深刻的变化，其中最能表现红山文化阶段性变化的是陶器。

　　红山文化早期，陶器以筒形罐、钵、斜口器为主。距今 6200 年左右，最简单的彩陶红顶钵出现。

　　红山文化中期，陶器种类极大丰富，新出现了鼓腹双耳罐、垂腹罐、三足鼎、圜底釜等器物，彩陶图案精美复杂。

1　郭大顺：《追寻五帝》，辽宁人民出版社 2010 年版。

红山文化晚期，祭祀用的陶器增多，彩陶图案在吸收庙底沟文化元素的基础上，形成了独特的风格，如鳞纹、旋纹等。

牛河梁地区发现了红山文化早、中、晚期的居住址和祭祀遗址，经历了红山文化孕育、形成、发展、兴盛、衰落的全过程，是红山文化的核心分布区。

赤峰地区与中原地区相邻，分布有一定数量的早、中期红山文化遗址，晚期遗址较少，且较少发现玉器。

西拉木伦河流域未发现红山文化早期遗址，中期遗址相对较多，晚期遗址数量较少。该区域是红山文化积石冢石棺墓的起源地，这里自兴隆洼文化时期就出现了石棺墓和积石冢的雏形。

科尔沁沙地区未发现红山文化早期遗址，中期遗址仅发现 1 处，晚期遗址相对较多。

三、红山文化时期聚落等级与分布

没人能够永远完全独立生活。人类社会越发展，聚落间的关系就会变得越来越紧密、越来越复杂。

人口不断增加，对各种资源的需求相应增多，如此一来，聚落之间的矛盾便会不可避免地出现。基于人口和地理位置等因素，聚落间原本平等的关系被打破，聚落群内开始出现"中心聚落"和"一般聚落"之分。当中心聚落开始对聚落群进行整合以对抗其他聚落群时，就意味着一个强势的集团开始出现。有迹象表明，古国是聚落群内部竞争的产物，"古国的领导本

质上是家长式的集权"[1]。

聚落考古研究中常常根据聚落等级来判断社会管理阶层，并通过对典型聚落进行研究来探寻构成社会关系的单元，进而讨论社会发展程度。刘国祥综合分析区域系统调查材料，并以聚落群中各遗址的面积为分析单位，通过对聚落群进行分组及分级来分析聚落等级结构。[2]

1. 牛河梁地区教来河上游

牛河梁地区教来河上游分布有 127 处红山文化遗址，其中，干流两岸的遗址数量较多，共 77 处。白塔子河和干沟子河两岸分布的数量相对较少，分别是 22 处和 28 处。以地理空间上明显的空白地带为分界线，可将该流域内发现的聚落划分成 5 个聚落群组。

图 4.3　牛河梁地区教来河上游红山文化聚落组群等级分布示意图

1　赵辉："谈谈'古国时代'"，载《文物天地》2021 年第 9 期。
　　赵辉："古国时代"，载《华夏考古》2020 年第 6 期。
2　刘国祥：《红山文化研究》，科学出版社 2015 年版。
　　姜仕炜：《红山文化社会复杂化研究》，山东大学博士学位论文，2018 年。

表 4.1 牛河梁地区教来河上游红山文化聚落组群等级分布情况

所属区域	牛河梁地区教来河上游地区(单位:个)				
聚落组群(单位:万平方米)	I区	II区	III区	IV区	V区
第一等级 > 20	0	0	0	0	0
14 < 第二等级 < 20	1	0	0	0	0
8 < 第三等级 < 14	0	1	0	0	0
4 < 第四等级 < 8	1	4	2	3	3
0 < 第五等级 < 4	17	36	35	16	7
聚落总和	19	41	37	19	11
合计	127				

综合分析图 4.3 和表 4.1,我们可以看出,面积不足 4 万平方米(第五等级)的聚落最多,面积在 4 万~8 万平方米(第四等级)的聚落也相对较多。这两个等级的聚落可归为"小型普通聚落"。

面积在 8 万~14 万平方米(第三等级)和 14 万~20 万平方米(第二等级)的聚落数量稀少。这两个等级的聚落可归为"中型次中心聚落"。

面积大于 20 万平方米(第一等级)的聚落为"大型中心聚落"。

面积在 100 万平方米以上的聚落为"特大型聚落",考古调查中有发现。

教来河上游上段聚落群(I区)及上游中段聚落群(II区)均由中型次中心聚落和小型普通聚落构成主次分明的二层级聚落结构。上游下段聚落群(III区)、干沟子河上游组群(IV区)和白塔子河上游组群(V区)都只拥有第四和第五等级的聚落,即这 3 个聚落群都是由一些面积略有差异的小型普通聚落构成,而

且白塔子河上游组群（Ⅴ区）可能是这 5 个聚落群中级别最低的一个，因为其聚落数量最少。

教来河上游上段聚落群（Ⅰ区）的潘家西遗址，面积 15 万平方米，是 5 个聚落群中单体聚落面积最大的，也是该聚落群中等级最高的。该聚落处于整个聚落群的中心偏南且偏高的位置，可俯视其他聚落。古代先民选择居址时会考虑聚落群中各聚落间的关系、聚落的可视范围等。为了加强控制，等级较高的聚落会占据较高的有利地势，以便监控依附在其周围的较小的聚落，也利于第一时间发现远距离敌情。[1] 该聚落群可能与周围一个或几个聚落群有主从关系。

教来河上游中段聚落群（Ⅱ区）在空间上处于 5 个聚落群的中间位置，所以其与上游上段聚落群（Ⅰ区）尚无法确定哪一个地位更高。

2. 赤峰地区

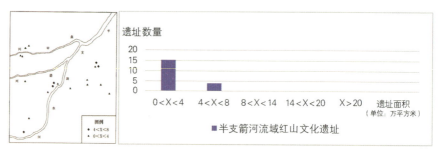

图 4.4　赤峰地区半支箭河流域红山文化遗址

分布及其等级示意图[2]

1　贾笑冰："信息技术支持的博尔塔拉河流域考古调查"，载《考古》2017年第 4 期。

2　刘国祥：《红山文化研究》，科学出版社 2015 年版。

赤峰地区半支箭河流域考古调查缺乏清晰的聚落组群关系说明，故只能粗略展示其等级及分布情况。同教来河流域聚落组群相比，半支箭河中游地区的红山文化聚落分布相对稀疏，而且流域内只有第四、第五等级聚落。

中美联合考古调查队曾在赤峰市附近开展过面积达1234平方公里的区域系统调查工作，共发现红山文化遗址160处。遗址面积较小的比较多，多在1万平方米以下；面积较大的多在10万平方米以上。结合地表采集遗物的特征来看，半支箭河中游地区缺少高等级聚落，非红山文化核心分布区。

赤峰地区的聚落群之间维持着一种较平等的独立关系，没有证据显示存在统领多个聚落群的或集中程度更高的更大的聚落群。

3. 西拉木伦河流域

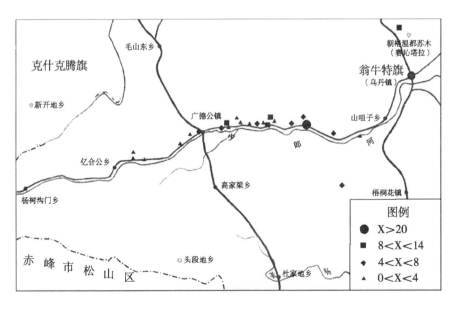

图4.5 西拉木伦河流域少郎河两岸红山文化遗址等级分布情况[1]

1 刘国祥：《红山文化研究》，科学出版社2015年版。

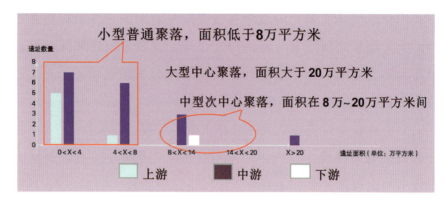

图 4.6　西拉木伦河流域少郎河两岸红山文化
聚落组群等级分布示意图

少郎河发源于三叉裆山东麓，自西向东横贯翁牛特旗中部地区。红山文化遗址多分布在少郎河上游下段和中游地区，其中上游 6 处、中游 17 处、下游 1 处。少郎河流域考古调查也缺乏清晰的聚落组群关系划分，仅粗略统计了遗址等级及分布情况。

上游有 6 个小型普通聚落。

下游只有 1 个面积约 10 万平方米的中型次中心聚落——赛沁塔拉遗址，该遗址曾出土 C 形碧玉龙一件。

中游由 1 个大型中心聚落、3 个中型次中心聚落和 13 个小型普通聚落构成，聚落结构主次分明。

出土 C 形黄玉龙的东拐棒沟遗址也位于少郎河中游地区，是一个面积 6 万平方米的小型普通聚落。南湾子遗址面积约 2.6 万平方米，出土 1 件残陶塑人面，残高 4.7 厘米，宽 3.5 厘米，厚 2.4 厘米。在面积仅有 2400 平方米的大庙南 II 号遗址，采集到 1 件陶塑兽面像，残高 6 厘米，残宽 12.7 厘米，此类造型奇特的兽面像在红山文化中十分罕见。该流域没有发现红山文化早期遗址，调查或发掘的遗址多属红山文化中期，晚期遗址的数量也较少。

依据上述情况，结合聚落分布状况和地表采集遗物特征，可知少郎河流域应为红山文化重要分布区域。

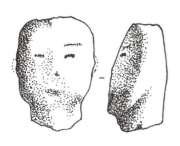
图 4.7　南湾子遗址出土的
残陶塑人面[1]

图 4.8　大庙南Ⅱ号遗址出土的
陶塑兽面像[2]

分布在西拉木伦河北岸的那斯台遗址为特大型聚落，面积150 万平方米，这里出土了一批红山文化玉器。刘国祥认为红山文化玉器是中华 5000 年文明形成的核心物质载体。

四、红山文化祭祀遗址分布

经过研究，考古人员认为祭祀性遗址群与居住性遗址群分离是红山文化的典型特征。

辽宁省朝阳市建平县与凌源市交界处，努鲁儿虎山山谷间有三道长约 10 公里的丘陵土梁，因牤牛河从这里蜿蜒而过而得名"牛河梁"。牛河梁遗址即分布于此，其是目前发现的规模最大的红山文化祭祀性遗址。

1　刘国祥：《红山文化研究》，科学出版社 2015 年版。
2　刘国祥：《红山文化研究》，科学出版社 2015 年版。

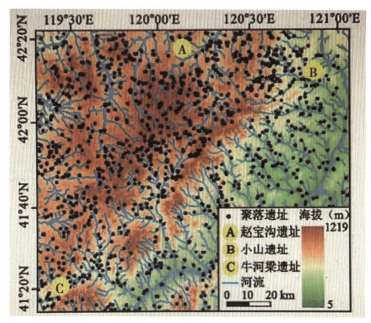

图 4.9　努鲁儿虎山一带河网及新石器时代文化遗址分布情况[1]

图 4.10　努鲁儿虎山牤牛河流经段[2]

　　1　袁钰莹："全新世中期西辽河流域聚落空间分布及成因"，载《地理科学》2018 年第 5 期。

　　2　袁钰莹："全新世中期西辽河流域聚落空间分布及成因"，载《地理科学》2018 年第 5 期。

牛河梁遗址现已发现 40 余个遗迹地点，在有编号的 16 个地点中，13 个地点都是积石冢性质的遗存。

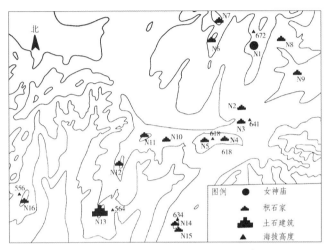

图 4.11　牛河梁遗址分布示意图[1]

牛河梁遗址第一地点在整个红山文化分布区占有极其重要的地位。该地点由 4 组建筑——女神庙、大型山台和 2 个建筑址构成。海拔 680 米，位于努鲁儿虎山最高且最中心的位置。

牛河梁遗址第十三地点是一座土石结构的圆形土丘，直径 40 米，高度超过 7 米，用夯土分层修筑而成，夯层厚约 20 厘米。夯土外围用白色岩石包砌成环状石墙。保存尚好的是围绕夯土台的一圈石台阶。从规模和结构上看，这一圆形土丘应是坛、冢合为一体的祭祀建筑，郭大顺先生称之为"东方金字塔"。

有 13 个地点是明确的积石冢性质的遗址。这些积石冢围绕在第一地点四周山梁的梁顶上，共同构成了规模宏大、气势雄伟的

1　郭明：《牛河梁遗址红山文化晚期社会的构成》，社会科学文献出版社 2019 年版。

祭祀圣地。

2014 年，辽宁省文物考古研究所联合中国人民大学对大凌河中上游地区进行了系统性区域考古调查，确定了以东山嘴遗址为中心的 200 平方公里的调查区域。考古人员在 200 平方公里调查区域内确定了 4 个聚落集群。这种由多个地方性组织构成的聚落

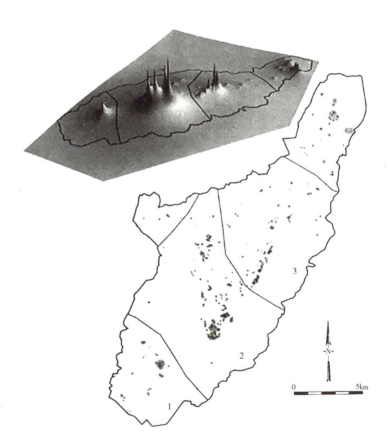

图 4.12　大凌河上游地区红山文化"超地方性社区"分布示意图[1]

1　郭明：《牛河梁遗址红山文化晚期社会的构成》，社会科学文献出版社 2019 年版。

集群被称为"超地方性社区"。每个超地方性社区内部又有多个地方性社区，最小者可能仅包含一两个家庭，最大者可能容纳近百人，即每一个超地方性社区之内都有一个规模较大的地方性社区和多个规模略小的地方性社区。

这4个超地方性社区彼此独立，且都有一个独立的礼仪性功能区。东山嘴遗址规模较牛河梁遗址第一地点小得多，影响范围是以东山嘴为中心的小区域。[1]

老虎山河是大凌河支流。2001年，中国社会科学院考古研究所内蒙古工作队与敖汉旗博物馆联合对敖汉旗境内老虎山河和蚌河流域进行调查。在老虎山河上游两岸16公里长、5公里宽的调查范围内共发现6处祭坛和4处积石冢，属红山文化中期遗存。其中，小古立吐遗址（编号4511）居于北。4838为长方形祭坛，4841有2个积石冢，二者南北相邻。4938和X19是2处祭坛，分别位于老虎山河西岸和东岸，几乎相对。X20为坛，4906为积石冢，均位于老虎山河的一条小支流边，地处山区。[2]

调查区域内还发现5处红山文化遗址，但其中只有X18有少量灰土圈痕迹，其他遗址只在地表采集到少量陶片。很明显，这一区域也是经过规划的特殊仪式活动区。

此外，大凌河流域的田家沟、草帽山和胡头沟遗址很可能也是所在区域的祭祀中心。

在赤峰地区的区域系统调查中，尚未发现与牛河梁遗址相类似的大型祭祀性遗址，但也发现了积石冢，如在喀喇沁旗发现了7

1　辽宁省文物考古研究所、匹兹堡大学比较考古学中心：《大凌河上游流域红山文化区域性社会组织》，匹兹堡大学，2014年。

2　李新伟：《仪式圣地的兴衰：辽西史前社会的独特文明化进程》，上海古籍出版社2017年版。

处相邻的红山文化积石冢。

可见，红山文化中期已经形成了相对统一的丧葬礼仪和精神信仰。

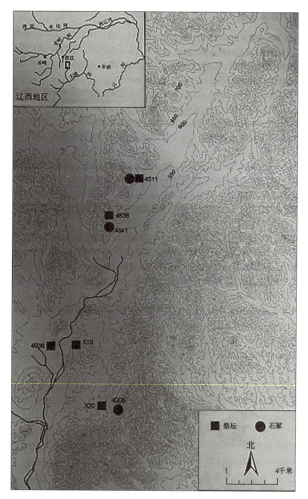

图 4.13　老虎山河两岸红山文化时期祭坛和积石冢分布示意图[1]

1　李新伟：《仪式圣地的兴衰：辽西史前社会的独特文明化进程》，上海古籍出版社 2017 年版。

第五章　红山人家

要想把握红山文化时期的社会组织结构，将聚落和墓地进行比较研究是最有效的办法。因为聚落和墓地敏感地反映着群体的规模以及群体的基础单位。[1] 因此，在了解红山文化时期聚落分布特点的基础上，研究不同时期单体聚落的具体特征，有助于更深入地了解红山文化时期的社会组织结构。

一、山里人家

红山文化早期遗址主要分布在西拉木伦河南岸的老哈河流域和辽宁西部的大凌河流域。

小东山早期聚落

小东山遗址位于辽宁省朝阳市朝阳县柳城镇腰而营子村东，地处大凌河中上游支流小木头沟河东岸一处宽敞的高台地上，发掘面积约 850 平方米，共发现红山文化时期房址 10 处、灰坑 20 处、围沟 1 条。

从房址间的打破关系及出土遗物看，红山先民在这里生活的时间相对较长。由于发掘出的早期房址有限，房屋的空间结构不

1　[日] 宫本一夫：《从神话到历史》，广西师范大学出版社 2014 年版。

够明晰，只能大致了解聚落的基本布局。房址群外有人工挖掘的环壕，在维护聚落整体性的同时，兼具排水功能。

西辽河流域自兴隆洼文化时期就开始出现环壕聚落。环壕，在考古学、历史学和地理学等研究领域中，指的是围绕古代城址、聚落或墓葬等遗址挖掘的环形壕沟。最初，环壕主要用于防治水患，后来发展为保护内部区域免受外部侵扰的防御设施。

室外窖穴堆积现象在西辽河地区首次出现，其数量数倍于房址。敖汉旗兴隆洼遗址中揭露出红山文化早期房址 5 处、灰坑 130 余处。灰坑多为储物的窖穴，多成群分布在房屋附近，推测这些储物坑是由氏族公社统一管理的。

聚落内的房屋最初还是传统的方形或长方形半地穴式建筑，但在红山文化早期晚段，出现了圆形半地穴式建筑，室内的空间结构也有些许变化，如灶的位置。

马鞍桥山早期聚落

马鞍桥山遗址主体是一处精心营造、兼具生活和祭祀功能的红山文化早期中型聚落，位于辽宁省朝阳市建平县太平庄镇石台沟村西南的一道小山梁（当地俗称"马鞍桥山"）上。

遗址所在小山梁位于老哈河东岸低山丘陵地带。遗址东侧是一条小山沟，北面山下一条河流穿村而过，向西流入老哈河。遗址主要分布在山梁顶部和东坡上。2000 年，该遗址发掘清理房址 3 处、灰坑 22 个、壕沟 1 条。房址成排分布，大房址周围分布着小房址，灰坑也多设置在大房址附近。

2021 年，考古人员在遗址北部发现一座人工堆积而成的大型土台遗迹，并揭露了该土台遗迹西南角的一部分，发现多个小型坑类遗迹，在 T0256 第二层垫土上的一个坑内出土了保存完好的之字纹夹砂黑陶筒形罐、泥质红陶黑色彩陶壶、泥质红陶钵及贝壳类等遗物组合。根据出土遗物看，该坑应是祭祀坑。因此，马鞍桥山遗址应该是一处兼具生活与祭祀功能的聚落址。

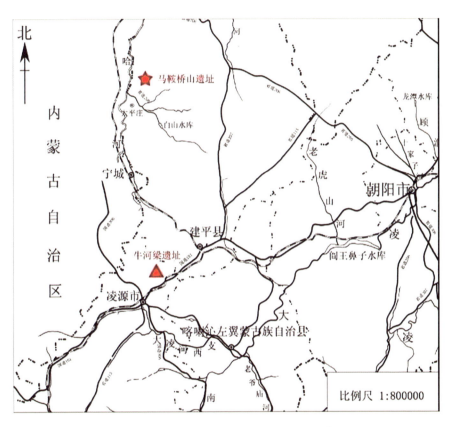

图 5.1　马鞍桥山遗址地理位置示意图 [1]

1　《2020 年度马鞍桥山遗址发掘情况汇报》，来源于"辽宁省文物考古研究院"微信公众号。

二、来了新邻

魏家窝铺早中期聚落

魏家窝铺遗址位于赤峰市红山区文钟镇魏家窝铺村。该遗址内发现了目前国内规模最大的红山文化早中期聚落址。

遗址位于一处近山坡顶部的高台地上,视野开阔。遗址西侧约1公里处有一条自南向北流淌的季节性河流,东部为一谷地,南、北两侧均为大片农田。该遗址目前揭露出房址103处、灰坑201处、壕沟4条。

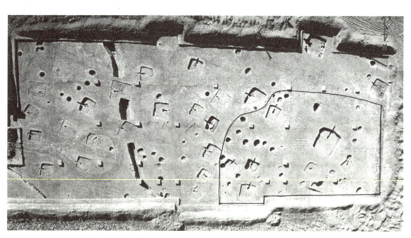

图 5.2 魏家窝铺遗址房址、灰坑、壕沟分布图[1]

魏家窝铺红山文化遗址为环壕聚落,面积约9.3万平方米。房屋建于壕沟之内且成排分布。门道朝向东南或西南,推测聚落内居住着两种不同来源的人群。从丰富的遗物及叠压在壕沟上的

1 刘国祥:《红山文化研究》,科学出版社2015年版。

房址可以推测，房屋位置的变动及二重壕沟的出现，可能是魏家窝铺聚落长期稳定发展和规模不断扩大的结果。

房址 F73 平面呈圆角方形，半地穴式，长方形门道，圆形灶坑位于房址中央，火塘为圆角长方形。研究者认为这种灶和火塘相结合的模式，应是受到了后冈文化的影响。遗址中出土的陶器以筒形罐为主，其形状及纹饰明显是本地风格，但瓮、红顶钵、折腹盆、三足鼎、圜底釜、器盖、溜肩罐、鼓腹罐、彩陶钵等融入了燕山以南地区的后冈一期文化元素。[1]

图 5.3　房址 F73[2]

1　侯静波、孙国庆："浅析外来文化对魏家窝铺红山文化环壕聚落的渗透与影响"，载《边疆考古研究》2021 年第 1 期。

2　刘国祥：《红山文化研究》，科学出版社 2015 年版。

根据上述现象，考古研究者推测红山文化中期一定规模的外来人口迁移至此，使得这里的人口规模急剧扩大，进而推动了红山文化的发展进程。

西台中期聚落

在敖汉旗西台遗址，考古人员发现了 2 个南北相接的环壕聚落（位于大凌河上游牤牛河西岸的高台地上）。2 个环壕均略呈长方形，共用一段壕沟。在聚落东南侧环壕处发现出入口，是中间较宽、两侧较窄的三门道结构。

2 个环壕内都分布有一定数量的红山文化房址，门道朝向东南或西南。房址 F13 内有 2 个灶址，大的平面呈方形，小的呈瓢形，推测可能是不同生活习惯的人交往交流交融的结果。

西台遗址是一处红山文化中期环壕聚落址，沿用至红山文化晚期。

哈喇海沟中期聚落

哈喇海沟遗址中的 8 处房址成排分布，其中，F1 面积最大，其他 7 处房址在其西、南及东南面环绕且成排分布。F1 周边有较大范围空地，在聚落中居于中心位置。

三、向北扩散

西拉木伦河流域至今尚未发现红山文化早期聚落，有明确房址发掘资料的遗址都属于红山文化中期遗址。

白音长汗中期聚落

白音长汗遗址中发掘出的 17 处红山文化房址分布在山岗北坡的平坦之地上。南区的 9 处房址分布较密，大体分 4 排。北区的 8

处房址呈半圆形分布，最大房址 F26 处于中心位置，面积超过 50
平方米，其余房址环绕在其北侧、东北侧、东南侧及南侧。最大
房址与其北侧的房址间有大片空地，但空地上有较多窖穴分布。
北区的房址大多朝向东南，多为瓢形灶；南区的房址多朝东或东北，
多为圆形或椭圆形灶。

　　两组房址群所在坡地的最高处是墓地，而该墓地正处于兴隆
洼文化时期墓地的中间，即 2 座山丘之间的鞍部。

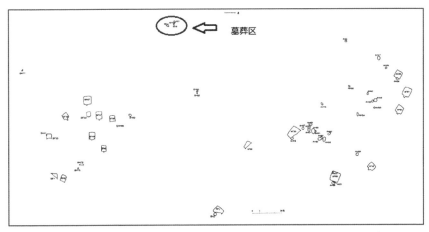

图 5.4　白音长汗四期红山文化遗址房址、墓葬、灰坑分布图[1]

　　墓地内发现 4 座墓葬，1 座竖穴土坑墓，3 座石棺墓。石棺墓
中石板立砌，墓底无石板，墓顶盖以石块。M21、M15、M18 从最
高处向低处呈一纵列分布，M14 单独成列并与 M18 并排。M15 虽被
盗掘，但还留有具有后冈一期文化风格的带盖陶鼎 1 个。还有 2
座竖穴土坑墓位于北区房址的下坡处。

　　墓葬分处两地，说明聚落内部可能存在一定程度的阶层分化，

　1　刘国祥：《红山文化研究》，科学出版社 2015 年版。

高处的墓地埋葬的很可能是特殊人群。还有一种可能是，北区和南区内居住的两个群体来源不同，因此埋葬风俗有一定差别。

柳树林中期聚落

柳树林遗址是一个总面积不足 1 万平方米的小型普通聚落遗址，聚落内的房址成排分布，没有壕沟环绕。灶的形制有三种：圆形浅坑灶、椭圆形浅坑灶和瓢形灶。并不是所有房址内都有火灶，还有部分房址无灶。个别房址内还发现柱洞，但柱洞的数量和位置无规律可循。

老牛槽沟中期聚落

老牛槽沟遗址中的房址成排分布，门道均朝向西南。灶有圆形和瓢形两种。房址的居住面上发现柱洞，但数量和位置无规律可循。

二道梁中期聚落

西拉木伦河北部巴林左旗友好村二道梁遗址的布局独具特色。二道梁遗址位于乌尔吉木伦河西岸 1500 米处的一个山坡上，由于处在山坡风口，地表剥蚀严重。14 处红山文化中期房址均直接开口于地表，形成一个较为明显的"灰土圈"。房址排列不整齐，聚落布局特征不明显；没有发现红山文化时期的瓢形灶；门道不在房址中部，而是靠墙壁直接伸出，为该聚落遗址所独有。

那斯台中期聚落

那斯台遗址是发现于西拉木伦河流域的红山文化特大型聚落遗址，面积 150 万平方米。聚落面积可以反映人口规模。一般来说，聚落面积越大，功能越多，人口越多，社会复杂化程度越高。遗址内采集到大量红山文化玉器，推测该聚落可能提供过玉器生产和流通服务，存在掌握玉器生产技术的精英阶层，也说明聚落内部已经存在一定的社会分化。

四、深入沙地

红山文化晚期，红山先民向北扩散到北纬 43.5° 一带，进入今科尔沁沙地大部分地区。

环境考古证明，红山文化时期，今科尔沁沙地地势平坦、河湖纵横，非常适合大规模农业种植。其时，红山先民们可以通过狩猎采集及农业种植获取稳定多元的食物来源，从而养活更多人口。大面积的居住址由此形成。

哈民忙哈遗址是目前国内发现最早的一处因为瘟疫而被废弃的大型聚落遗址。遗址位于通辽市科尔沁左翼中旗舍伯吐镇东南约 20 公里处，已探明面积 17 万平方米，发掘面积 8200 余平方米，共清理房址 81 处、灰坑 61 处、墓葬 14 座、环壕 2 条。

聚落东、北、西三面有壕沟环绕，西北与北侧的壕沟与古河道相邻，且保持平行状。环壕东西长 350 米，南北宽 270 米，沟深 0.8 米，宽度在 1.2 ~ 2.1 米之间。

房址成排分布，门道均朝向东南。根据房址的朝向及面积可将其分成三组，每组均有一处大房址，位于各组的中心。I 组大房址 F32 前面有较大范围空地，推测是有意规划的公共活动场所。II 组大房址 F24 及 III 组大房址 F5 前同样留有大片空地。I 组房址面积普遍大于 II 组和 III 组，所以 I 组可能是整个聚落中等级最高的社区。灶坑多为圆形。聚落内部零散分布 4 座墓葬，均为竖穴土坑墓，其中，三人合葬墓和双人合葬墓各 1 座，其余 2 座为单人墓葬。[1]

---

[1] 刘国祥：《红山文化研究》，科学出版社 2015 年版。

图 5.5 哈民忙哈遗址房址 F40 内的人骨堆[1]

　　哈民忙哈遗址以发现大量人骨而闻名。房址 F40 内发现了 97 具人骨，不同年龄段与不同性别的人骨都有，底部尸骨有摆放的痕迹，上面的比较凌乱。房子有焚烧迹象。整个聚落内，经过数次发掘，已发现人骨 200 余具。

　　孢粉、古土壤等研究结果表明，从红山文化晚期开始，东亚季风再次衰退，气候开始变得干冷，今科尔沁沙地风沙活动不断增强。哈民忙哈的红山先民可能在某一年春夏之交，因为食物不足，捕食鼠类而感染了瘟疫，导致大量人口死亡，剩下的人仓促埋葬死者后，迅速撤离。[2]

1　陈胜前：《中国文化基因的起源：考古学的视角》，中国人民大学出版社 2021 年版。

2　陈胜前：《中国文化基因的起源：考古学的视角》，中国人民大学出版社 2021 年版。

五、陶人之乡

敖汉旗兴隆沟遗址第二地点

敖汉旗兴隆沟遗址第二地点是一处红山文化晚期聚落遗址，与牛河梁遗址年代大体相当。兴隆沟遗址位于敖汉旗兴隆洼镇大窝铺村兴隆沟组，遗址西面为林地，其余三面为耕地，地势开阔，东侧有一条牤牛河上游支流。

从聚落布局看，房址成排分布，外围有一长方形围壕。每处房址外围都分布有相对独立的窖穴群，说明单一家庭已经成为经济生产和生活的核心单元。

2012 年，在该遗址第二地点发掘小型房址 1 处，编号 F9，面积仅 12 平方米，半地穴式，从中出土一件整身陶塑人像。刘国祥认为，兴隆沟整身陶塑人像是目前我国能确认的形体最大、保存最为完整的红山文化晚期陶塑人像，是 5300 年以前红山先民祖先的形象。这尊陶人像红山先民祭祀先祖的证据，也为我们研究祖先崇拜找到了依据。更为重要的是，兴隆沟遗址第二地点出土的这尊红山文化整身陶人像与牛河梁女神庙出土的女神头像有着密切联系，甚至出土的陶器也与牛河梁遗址的陶器有较强的共性，这说明两处遗址之间有着密切的联系。[1]

---

1 刘国祥：《红山文化研究》，科学出版社 2015 年版。

图 5.6 兴隆沟遗址第二地点红山文化时期房址 F9 内
出土的整身陶塑人像[1]

结语

综合分析相关考古研究资料，可知红山文化时期聚落最显著
的变化主要表现在以下几个方面：

一是红山文化早期至晚期一直流行环壕聚落，中晚期出现了
长方形环壕聚落。围壕的防御功能显著增强。

二是房址面积普遍较小，多在 10～20 平方米之间，大房址
面积多在 50～100 平方米之间。大房址多位于小房址群的中心，
且前方多设有空旷的场地。

---

1 刘国祥："红山文化——研究中华文明起源的重要内容"，载《人民日报》
2021 年 8 月 28 日。

三是房址内出现瓢形灶，平面呈葫芦形。圆形灶坑的口部与居住面相平，挨近门道处有一段斜坡状火道直通入灶坑内，这种构造不仅有利于空气流通，使灶底部的柴火与氧气充分接触，进而提高炉火温度，而且易于清除火膛内的灰烬，是火灶的一大进步。

　　四是中心聚落可能已经出现不同等级的社区，高等级社区在房屋规模、内部设施及生活生产用品等方面都明显高于其他社区。中心聚落内多存在与祭祀相关的设施。

　　红山文化早期到晚期，聚落布局发生了重要变化，早期平等、和谐、有序的居住模式逐渐被以等级、财富为划分依据的聚落布局模式所取代。大型中心聚落内祭祀设施及积石冢内高规格的中心大墓的出现，祭祀中心与大型聚落的分离，"唯玉而葬"等规范化、系统化的礼仪制度的建立，表明红山文化时期已形成系统化的精神信仰与祭祀体系。

　　陶窑是聚落中必不可缺的功能性设施。目前仅在赤峰西台、四棱山、上机房营子遗址发现红山文化晚期陶窑。西台遗址陶窑位于居住区周边，四棱山和上机房营子遗址的陶窑均独立于生活遗址外。

　　上机房营子遗址位于赤峰市松山区初头朗镇上机房营子村北约 500 米处的山坡上，窑址位于遗址南部边缘，推测主要用于生产筒形罐等日用陶器。

　　四棱山遗址位于赤峰市敖汉旗老哈河东侧的四棱山南坡。1974 年揭露出 6 座保存较好的陶窑。陶窑有早晚期之分，晚期的陶窑更为先进，火道变成 2 个，窑室更大，窑柱更多，明显比早期生产效率高。根据出土陶器可知，上机房营子、四棱山遗址发现的陶窑是为生活区服务的，但是遗址内未发现同时期的房址，

可见，陶器生产加工区与生活区有一定距离。考古调查发现 2 处窑址周围分布有红山文化居住址即证明了这一推测。

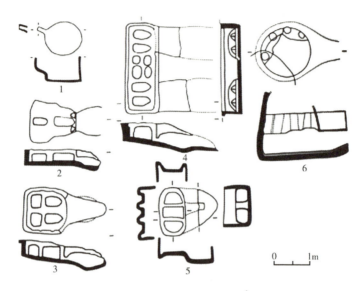

图 5.7　红山文化陶窑[1]

1. 上机房营子遗址陶窑 Y1　2. 四棱山遗址陶窑 Y3

3. 四棱山遗址陶窑 Y1　4. 四棱山遗址陶窑 Y6

5. 上机房营子遗址陶窑 Y1　6. 上机房营子遗址陶窑 Y3

1　郭明：《牛河梁遗址红山文化晚期社会的构成》，社会科学文献出版社 2019 年版。

第六章　信仰与权力

牛河梁遗址是由女神庙、积石冢、祭坛组成的迄今所知的规模最大的红山文化晚期埋葬和祭祀中心。

一、庙坛组合

牛河梁遗址第一地点坐落在牛河梁主梁顶部的中心位置，海拔 671.3 米。第一地点建筑址规模较大，不仅有女神庙（编号 N1J1），还有呈"品"字形的长方形山台，该山台可能是祭坛，其与女神庙共同构成庙坛组合。女神庙是土木结构的半地穴式建筑，平面呈窄长形。庙的主体部分为七室相连的布局，南北总长 18.4 米；主体部分以南横置一单室，长 6 米。3 个带石围墙的长方形土台是土石结构的祭坛。

第一地点除这 2 个主要建筑外，还有 2 个规模较小的建筑址围绕在山台一侧。N1J3 位于东山台东侧，平面呈圆角长方形，东西长 11 米，南北宽 4.4 米，基址内出土了 80 件以上陶质筒形器残片。N1J4 位于东山台的北侧、北山台的东侧，根据成排分布的柱洞，可知这是一处房址，居住面上有 4 处烧土面，出土了石器、筒形器。

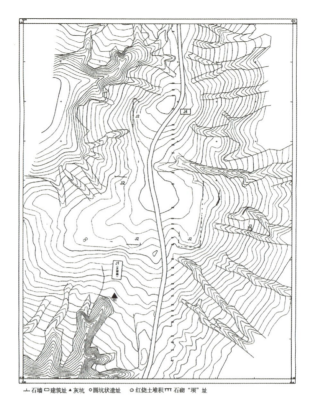

⊥石墙 ▢建筑址 ▲灰坑 ⊙圆坑状遗址 ◦红烧土堆积 ⊓⊓石砌"坝"址

图 6.1　第一地点遗存分布图[1]

　　牛河梁遗址第二地点位于第一地点的南部，与第一地点相距约 1 公里。

　　第二地点所在山岗顶部地势较为平坦开阔，在东西长 150 米、南北宽 80 米的范围内，东西一线排开三冢二坛。祭坛位于中心位置，由红色安山岩制成的柱状石桩围成三重规整的圆环，由外向内逐层缩小并高起，内圈石桩的内侧还摆放有陶质筒形器。研究发现，这三重不等距的石桩圈不仅与古代天文学中二分日与二至

　　1　郭明：《牛河梁遗址红山文化晚期社会的构成》，社会科学文献出版社 2019 年版。

日的日行轨迹有关，与先秦时期不等间距同心圆结构的宇宙模式[1]也有所对应，故可确认这三环式圜丘即为当时红山人举行祭天仪式的场所。这座祭天之坛，坛面铺石，无覆罩，露天。可见，圆形和露天是红山文化祭坛的标准形制。[2] 此外，庙与祭坛在建筑结构上也向规范化发展，庙为土木结构，祭坛为土石结构。

图 6.2　第二地点祭天圜丘[3]

1　陈镱文、曲安京：“北大秦简《鲁久次问数于陈起》中的宇宙模型”，载《文物》2017 年第 3 期。

2　郭大顺：“礼出红山——牛河梁‘坛庙冢’祭祀建筑遗址群再解读”，载《人民政协报》2020 年 11 月 12 日。

3　辽宁省文物考古研究所：《牛河梁——红山文化遗址发掘报告（1983—2003 年度）》，文物出版社 2012 年版。

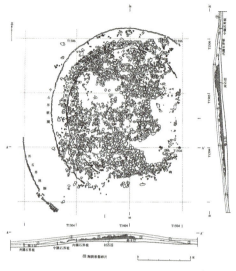

图 6.3　祭天圜丘平面及剖面图[1]

第二地点的祭天之坛与第一地点的女神庙南北照应，两处相连即为牛河梁祭祀遗址的中轴线，积石冢分列中轴线两侧。不仅第二地点的一号、二号、四号积石冢分列祭坛左右，其他已确认的 14 个地点也都位于这条中轴线两侧。

二、坛冢结合

1. 第二地点

第二地点虽因祭天圜丘的存在而地位突显，但其他积石冢也不可小觑。其中，六号冢位于祭天圜丘的北侧，恰好处于中轴线上，因被国道 101 截断而残缺严重，无法展开进一步研究。从墓葬资料来看，六号冢可能是长方形祭坛。

1　刘国祥：《红山文化研究》，科学出版社 2015 年版。

图 6.4　第二地点一至六号积石冢分布图[1]

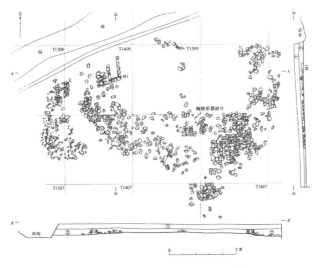

图 6.5　六号冢平面及剖面图[2]

五号冢结构比较特殊，中间被一道石墙隔开，是一座平面呈"日"字形的长方形祭坛。坛体北半部的中心处有一圆形石堆，

1　辽宁省文物考古研究所：《牛河梁——红山文化遗址发掘报告（1983—2003 年度）》，文物出版社 2012 年版。

2　刘国祥：《红山文化研究》，科学出版社 2015 年版。

直径 2.1～2.3 米，高 0.62 米。该冢发现人骨，不见墓葬，应是一种特殊结构的祭坛。

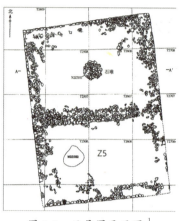

图 6.6　五号冢平面图[1]

位于祭天圆丘之东的四号冢使用时间最长，由不同时期的积石构成，石冢也由早期的圆冢演变为后期的带三重石墙的方冢。

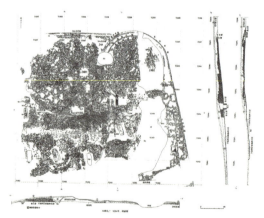

图 6.7　四号冢平面及剖面图[2]

1　刘国祥：《红山文化研究》，科学出版社 2015 年版。
2　刘国祥：《红山文化研究》，科学出版社 2015 年版。

二号冢是带三重方形石墙的方冢，在祭天圜丘之左。

图 6.8　二号冢中心大墓 N2Z2M1[1]

图 6.9　中心大墓 N2Z2M1 平面及剖面图[2]

1　辽宁省文物考古研究所：《牛河梁——红山文化遗址发掘报告（1983—2003 年度）》，文物出版社 2012 年版。

2　刘国祥：《红山文化研究》，科学出版社 2015 年版。

一号积石冢也是带三重石墙的长方形石冢，位于二号冢之西。

图 6.10　一号冢[1]

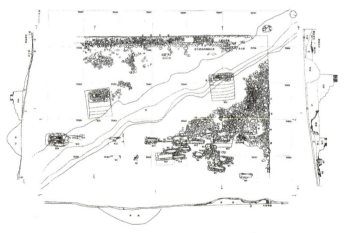

图 6.11　一号冢平面及剖面图[2]

1　辽宁省文物考古研究所：《牛河梁——红山文化遗址发掘报告（1983—2003 年度）》，文物出版社 2012 年版。

2　刘国祥：《红山文化研究》，科学出版社 2015 年版。

2. 第五地点

第五地点位于牛河梁遗址的中心地带，与第四地点、第三地点、第十地点和第十二地点近乎东西向一字排开。

第五地点也是一处使用了很长时间的埋葬地，由不同时期的积石冢组成。最初 2 个石圈无高高堆起的封石，只是在地表平铺一层石块，石块是长度在 10 厘米左右的碎石。后期在 2 个石圈的基础上建造了二冢夹一坛景观。位于中间的祭坛结构特殊，用白色岩石单层铺砌，只见人骨，不见墓葬。

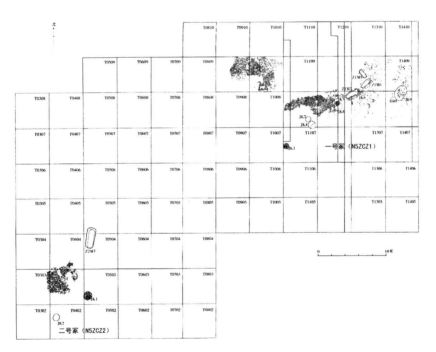

图 6.12　第五地点早期一号、二号积石冢平面图 [1]

1　刘国祥：《红山文化研究》，科学出版社 2015 年版。

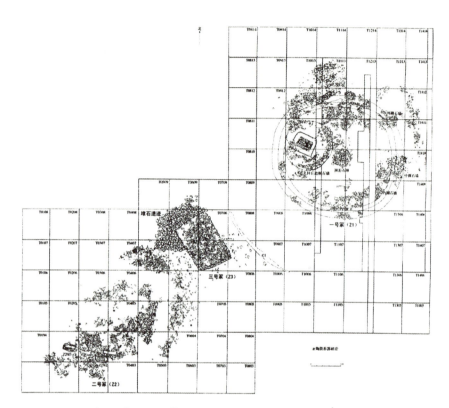

图 6.13　第五地点晚期二冢一坛平面图[1]

1　刘国祥：《红山文化研究》，科学出版社 2015 年版。

图 6.14　第五地点晚期祭坛平面及剖面图[1]

　　位于祭坛两侧的积石冢也别有特色。东侧的积石冢是带三重环形石墙的圆形石冢，冢体西南部的石墙外发现环壕一段。冢内的中心大墓并不位于中心位置，而是与西侧内墙相接。冢内中心位置是一圆形石堆，直径 3 米，高约 0.8 米。圆形石堆正对中心大墓墓主的头部。

1　刘国祥：《红山文化研究》，科学出版社 2015 年版。

图 6.15　第五地点一号积石冢[1]

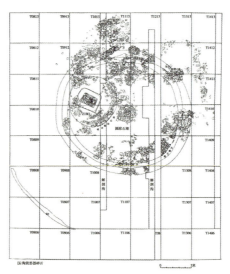

图 6.16　第五地点一号积石冢平面图[2]

1　辽宁省文物考古研究所:《牛河梁——红山文化遗址发掘报告（1983—2003年度）》,文物出版社2012年版。

2　刘国祥:《红山文化研究》,科学出版社2015年版。

西侧积石冢内不见中心墓葬，冢体南部积石堆下发现 4 座墓葬。

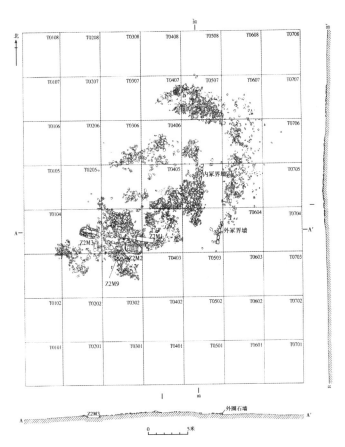

图 6.17　第五地点二号积石冢平面及剖面图[1]

3. 第十三地点

第十三地点有一座土石结构的圆形土丘，直径 40 米，高度超过 7 米，夯土分层修筑而成，夯层厚约 20 厘米。夯土外围被白色岩石包砌成环状石墙，保存尚好的是围绕夯土台的一圈石台阶。

1　刘国祥：《红山文化研究》，科学出版社 2015 年版。

圆形土丘占地面积约 1 万平方米，从规模和结构上看，具有王陵的气势。

图 6.18　第十三地点"东方金字塔"[1]

三、以中为尊

如果用一条线把牛河梁遗址第一地点、第二地点、第五地点、第十三地点连起来，你会发现这 4 个地点基本都位于东北—西南走向的中轴线上，女神庙在最北端，第十三地点在最南端。

北京大学考古文博学院教授张海应用地理信息系统（GIS）对牛河梁遗址 16 个地点进行了视域分析，发现各地点视域交集点正好在东西向的河谷地带。

1　辽宁省文物考古研究所：《牛河梁——红山文化遗址发掘报告（1983—2003 年度）》，文物出版社 2012 年版。

确定墓葬等级的要素很多，而且不同地区的情况也不完全一样。一般来说，主要考虑四个因素：墓葬的面积、墓葬结构的特殊性、特殊的随葬品、墓葬所在的地理位置。

牛河梁遗址中轴线最北端的女神庙内发现的重要遗物有镶嵌绿松石眼珠的陶塑女神像、大型泥塑女性坐像、泥塑动物像、镂空陶器盖等。

图 6.19　第一地点女神庙及庙内出土遗物[1]

第二地点六号冢内发现造型奇特的塔形器。二号冢封土内也发现了塔形器。

第二地点正北 1050 米处的女神庙与山台之间，发现 3 处祭祀坑，出有小型人体陶塑像、近于方器的彩陶器残片、包括方鼎底部在内的方器等遗物。

第五地点中心大墓的封土石堆内出土了塔形器残片。墓主人是一个 50 余岁的男性，随葬的玉器有玉璧 2 件、玉龟 2 件、勾云形玉佩 1 件、玉镯 1 件、鼓形箍 1 件。推测墓主人是一位掌管神权的巫者。

1　辽宁省文物考古研究所：《牛河梁——红山文化遗址发掘报告（1983—2003 年度）》，文物出版社 2012 年版。

图 6.20　第五地点出土的塔形器[1]

　　在牛河梁遗址中轴线两侧，分列着不见祭坛的只有积石冢遗存的地点。从只有积石冢的地点可以看出，红山先民的祭祀已有了祭天与祭祖的分化。

　　第三地点的圆形积石冢冢体随山势而建，中心高而四周略低。中心墓位于山岗最高处中心位置，其南侧和西南侧排列着其他墓葬。中心墓墓室长 2.9 米，宽 1.35～1.95 米。墓主人为男性，年龄 45 岁左右。随葬玉器共 3 件，斜口筒形玉器横枕在墓主人头下，玉镯佩戴在右腕上，玉珠出于右胸部。

1　辽宁省文物考古研究所：《牛河梁——红山文化遗址发掘报告（1983—2003 年度）》，文物出版社 2012 年版。

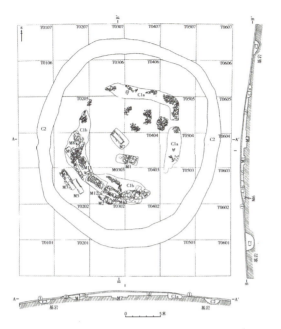

图 6.21　第三地点积石冢平面及剖面图[1]

图 6.22　第三地点积石冢内墓葬分布图[2]

1　刘国祥：《红山文化研究》，科学出版社 2015 年版。

2　辽宁省文物考古研究所：《牛河梁——红山文化遗址发掘报告（1983—2003 年度）》，文物出版社 2012 年版。

已发掘的第十六地点位于整个遗址群的最西侧，也是一处单纯的积石冢遗址，不见祭坛。第十六地点的中心大墓由墓圹和石砌墓室构成。墓圹面积近 12 平方米，南壁陡直，北壁凿成二级台阶，于第二级台阶处向下开凿墓室。墓室长 2.1～2.38 米，宽 1.3 米。墓底至墓圹开口凿入基岩，深至 4.68 米，墓底平铺一层石板。墓主人年龄在 40～45 岁之间，男性。随葬玉器 6 件（玉凤 1 件、斜口筒形玉器 1 件、玉人 1 件、玉镯 1 件、玉环 2 件，分置于墓主人头、胸、腰腹部），还有绿松石坠饰 2 件。

图 6.23　第十六地点中心大墓墓室

综合以上，从牛河梁遗址庙、坛、冢三合一的结构布局及尚玉传统，我们可以看出，红山先民原始的自然崇拜、神灵崇拜及祖先崇拜、宗教崇拜已日趋系统化、规范化，其创造的基于祭祀礼仪体系的礼制是后世礼制与礼仪活动体系的雏形。

牛河梁遗址之外的小区域祭祀中心也不少，如草帽山墓地、半拉山墓地、田家沟墓地、东山嘴祭坛等。

无论是牛河梁圣地，还是小区域祭祀中心，均体现了"以中为尊"的布局理念，并初步形成了庙在北、坛在南，以庙坛连接线为中轴线分布积石冢的建筑规制。

依张光直先生的观点，以中国为代表的东方，具有将世界分为天、地、人、神等不同层次的宇宙观和通过沟通天与神以取得政治权力和财富的"连续性文明"。在"连续性文明"的形成过程中，精神领域、思维观念往往得以超前发展。红山文化祭祀活动推动祭祀建筑发展和礼制形成就是集中体现，并对后世表现出强大的传承力。[1]

总之，到了红山文化晚期，精神信仰和祭祀体系已趋成熟，已经出现了掌管军事、政治权力及代表神权的宗教祭祀阶层。

---

1 张光直：《考古学专题六讲》，生活·读书·新知三联书店 2013 年版。郭大顺："礼出红山"，载《人民政协报》2020 年 11 月 12 日。

后　记

　　红山文化是我国北方地区新石器时代的考古学文化，是多元一体的中华文明的重要源头。本书从聚落、祭祀、墓葬、出土器物等方面展示了中华文明起源发展进程中红山文化的独特面貌和突出成就。

　　本书由本人和乌兰共同编写，彭晓静参与了第二章的资料收集和编写工作，本人负责统稿。感谢赤峰学院及其历史文化学院、红山文化研究院各位同仁的帮助与支持。由于水平有限，错误难免，恳请各位专家同仁批评指正。

任君宇

2021 年